Diagnóstico pedagógico en Educación Primaria

LUISA LOSADA-PUENTE

PROFESORA DOCENTE E INVESTIGADORA DEL DEPARTAMENTO DE DIDÁCTICAS ESPECÍFICAS
Y MÉTODOS DE INVESTIGACIÓN Y DIAGNÓSTICO EN EDUCACIÓN DE LA UNIVERSIDADE DA CORUÑA

Diagnóstico pedagógico en Educación Primaria

EDICIONES PIRÁMIDE

COLECCIÓN «PSICOLOGÍA»
Sección: «Pedagogía»

Director:
Francisco J. Labrador
Catedrático de Modificación de Conducta
de la Universidad Complutense de Madrid

Diseño de cubierta: Anaí Miguel

Ediciones Pirámide se compromete
con el medio ambiente reduciendo
la huella de carbono de sus libros.

PAPEL DE FIBRA
CERTIFICADA

© Luisa Losada-Puente
© Ediciones Pirámide (Grupo Anaya, S. A.), 2024
Valentín Beato, 21. 28037 Madrid
Teléfono: 91 393 89 89
www.edicionespiramide.es
Depósito legal: M. 11.163-2024
ISBN: 978-84-368-4963-9
Printed in Spain

Índice

Índice de tablas

Índice de figuras

Introducción

El Diagnóstico Pedagógico es una asignatura optativa de 4,5 créditos ECTS, que se imparte en la titulación de Grado en Educación Primaria (mención en Educación Especial) en la Universidade da Coruña. Además, se trata de una disciplina consolidada e impartida en las distintas universidades españolas, no solo adscrita a esta titulación, sino también a otras titulaciones de similares características insertas en las Ciencias de la Educación. También recibe influencia de las Ciencias de la Salud, como la Medicina, sobre la que se asientan sus antecedentes, o la Psicología, en confluencia con la Pedagogía, pues ambas disciplinas presentan un foco central en común: el comportamiento del individuo.

Este manual pretende dotar al alumnado de un conjunto de recursos, materiales y documentos de relevancia que sirvan como guía de trabajo y consulta en su futuro profesional, en el marco de la atención a la diversidad, la orientación e inclusión educativa. A tal fin, se presenta un libro estructurado en cuatro capítulos que abarcan, desde una mirada más general hasta otra particular, los elementos clave del diagnóstico en educación. Se emplean ejemplos y metáforas de la vida actual, que ayuden al estudiante en su proceso de comprensión y aprendizaje. Dichos capítulos recogen información sobre:

a) *La aproximación al diagnóstico en educación:* por un lado, se narran los principales hitos en el desarrollo de la disciplina hasta nuestros días y, por otro lado, se propone el *árbol del diagnóstico* para explicar la configuración teórico-práctica de nuestra disciplina en la actualidad. Un apartado final referido a la legislación educativa nacional y autonómica es de suma importancia para comprender cómo se aborda el diagnóstico en la realidad de los centros educativos, cuáles son los agentes implicados y qué funciones desempeñan.

b) *El proceso diagnóstico:* a través de la *metáfora de la inspección de la montaña* se muestra la importancia de atender al amplio conjunto de individuos, situaciones y contextos que envuelven al proceso de diagnóstico. También se ponen de relieve las funciones y objetivos del diagnóstico en el campo educativo, destacando su finalidad última: la mejora de la calidad de vida individual y familiar y del bienestar escolar.

c) *Las técnicas y los instrumentos de recogida de información:* se emplea el símil con una *caja de herramientas,* donde se puede guardar un conjunto de técnicas proyectivas, subjetivas y objetivas de uso tradicional en el diagnóstico; asimismo, se propone una *caja de herramientas para el docente,* donde puede guardar aquellas que le sean útiles y adecuadas para una detección inicial de necesidades de sus estudiantes.

d) *El informe de diagnóstico:* a través de la metáfora del *cuento* se intenta mejorar la comprensión acerca de la configuración, destinatarios e implicaciones del informe diagnóstico. Se pone especial énfasis en situar las funciones del profesorado-tutor en la elaboración de informes individualizados de aula, delegando la elaboración de informes diagnósticos a agentes educativos internos (departamento de orientación) y/o externos (equipos de orientación específicos).

Posteriormente, y sin ser este un manual de intervención, se plantea la relevancia que tiene entender que el proceso diagnóstico no finaliza con la elaboración de estos informes, ni con la entrega y/o comunicación de los resultados a los agentes claves, puesto que este es un proceso en continua evolución hacia la mejora. Así, de forma breve, se ofrecen unas pinceladas de información sobre la actuación del docente más allá de la detección inicial, ya que hablar de intervención requeriría de la elaboración de un nuevo manual y, además, supera —aunque también complementa— las competencias a adquirir en la presente asignatura.

Se reconoce la importancia de *saber pedir ayuda,* dejarse aconsejar y contribuir a la acción conjunta encaminada hacia el mismo fin: mejorar la situación de escolaridad del alumnado, contribuyendo a su bienestar en la escuela y, en general, a su calidad de vida individual. Por último, no podemos olvidar mencionar las implicaciones éticas de la profesión docente y los principios clave en la forma de vivir esta apasionante labor.

A lo largo del texto se tratará de hacer uso de un lenguaje inclusivo, si bien con el fin de convertirlo en un libro fácilmente comprensible, legible y sintético, cuando no sea posible por motivo de coherencia gramatical, se empleará el genérico masculino.

Aproximación al diagnóstico en educación 1

INTRODUCCIÓN

El interés por conocer al ser humano en toda su complejidad ha sido constante a lo largo de la historia y hasta nuestros días. Dicha inquietud científica ha trascendido el campo de la filosofía, teología, antropología, psicología... y, cómo no, también de la educación, preocupados por diseñar y poner en marcha diversidad de métodos, procedimientos y técnicas para alcanzar ese conocimiento (Chorieva, 2020; García Nieto, 2007).

Los esfuerzos por comprender, describir, categorizar, predecir y explicar el comportamiento se han nutrido de diversas fuentes en función de la cultura y momento histórico, y de la finalidad de la valoración diagnóstica, desde una postura de la confrontación entre lo *normal* y lo alejado de los *parámetros de la tipicidad* hasta los planteamientos vinculados a la dotación de recursos para la atención a la diversidad, basados en las individualidades humanas y el respeto por la dignidad de todas las personas a ser educadas en un entorno inclusivo y equitativo (Baña y Losada-Puente, 2019; Losada-Puente, 2016). El elemento cultural y la mentalidad social de cada época han sido y son aspectos clave en las explicaciones del comportamiento humano y, por ende, se sitúan en los orígenes de la conceptualización del diagnóstico.

1. ÉRASE UNA VEZ... EL DIAGNÓSTICO PEDAGÓGICO

1.1. La semilla que lo hizo emerger

En la génesis de la disciplina, varios tipos de fuentes han configurado los momentos clave de lo que más adelante se llamará *diagnóstico*. Estos son: el pensamiento mítico, el racional y especulativo, y el científico (Chorieva, 2020; Fernández Ballesteros, 1987; Khampaus y Campbell, 2008; Olmedo y Sánchez-Elvira, 2005; Pascual, 2015; Pelechano Barberá, 1982; véase tabla 1.1).

Pensamiento místico

Reflexión colectiva aceptada de modo acrítico por los miembros de una cultura, carente de fundamento teórico o científico. Las tradiciones de los pueblos incluyen el uso de pruebas específicas con las que predecir, clasificar y seleccionara individuos que presentan comportamientos adecuados o, al contrario, no deseables para la cultura.

TABLA 1.1

Fuentes del conocimiento en los precedentes del diagnóstico pedagógico

Fuente	Descripción	Corrientes	Expresiones representativas	Autores clave
Pensamiento místico	Reflexión colectiva sin fundamento científico.		Astrología. La Biblia. Tradición oriental.	
Pensamiento racional y especulativo	Reflexión basada en la filosofía y la biología. Parte del saber actual.	Filosofía. Biología.	Fisionomía. Dualismo cartesiano. Empirismo. Medicina. Neurología. Patología.	Aristóteles. Descartes. Hobbes, Locke, Bacon, Hipócrates, Galeno, Huarte de San Juan, Itard. Gall de Trois-Vevre.
Pensamiento científico	Desarrollo experimental del conocimiento a partir del pensamiento racional.	Psicofísica. Matemáticas. Medicina. Educación. Biología.	Primer laboratorio de psicología. Procedimientos físicos. Curva normal. Neurofisiología. Psiquiatría. Pedagogía experimental. Educación de personas con discapacidad. Teoría evolucionista.	Wundy y James. Weber, Fechner. Gauss, Quetelet. Broca, Dax, Ferrier, Pinel, Esquirol, Kraepelin. Ebbinghaus, Fisher, Seguin. Lamark, Darwin.

Algunas formas de pensamiento místico

La mentalidad mística pretende ofrecer explicaciones sobre los hechos naturales a través de causas que son sobrenaturales. Así, cuando sucede un hecho cuya causa no es evidente en el mundo natural, se recurre a explicarlo a partir de causas más allá del mundo natural y que, dado que no se puede ver, se cree su existencia (fe como conocimiento verdadero).

Algunos ejemplos se pueden observar en la astrología, en la Biblia o en la tradición oriental. El horóscopo fue uno de los primeros intentos por realizar una evaluación y diagnóstico psicológico a través de los signos del zodíaco; por su parte, en los textos bíblicos se encuentran formas de selección de sujetos según sus características personales y rasgos de personalidad; igualmente, existen escritos antiguos en la tradición oriental que documentan requisitos y pruebas aplicadas para la selección de candidatos a cargos públicos en China y por los sumerios).

?

PARA REFLEXIONAR

— ¿Es la mentalidad mística una cuestión del pasado o permanece viva en algunas esferas de nuestra realidad actual? Trata de imaginar situaciones en las que puedas haber acudido a este tipo de pensamiento: cuando tratamos de justificarnos o justificar la conducta de alguna persona, cuando tenemos un evento importante y llevamos nuestra «prenda favorita» o nuestro «bolígrafo de la suerte» para un examen, etc.

— De las siguientes características, cuáles crees que podrían estar asociadas con el pensamiento mítico y cuáles no: sabiduría, mentira, ignorancia, verdad, avance, imaginario popular, realidad.

Pensamiento racional y especulativo

De la Antigua Grecia y del Imperio romano emerge un pensamiento basado en la filosofía y la biología, que se extiende por Europa, sentando las raíces de la civilización occidental. Tres **posturas filosóficas** han sido relevantes en la configuración del diagnóstico desde sus inicios y sus derivaciones posteriores hasta la actualidad:

a) *La fisiognomía:* estudio de las manifestaciones corporales y el desarrollo físico, para determinar facultades, atributos o rasgos psicológicos. Destacó **Aristóteles,** quien logro lo que se ha denominado el paso del *mito* al *logos,* o separación del pensamiento mitológico y la implantación de formas de pensamiento racional.

b) *El dualismo cartesiano:* estudio de la mente, la conciencia y el alma... a través de la intuición. Iniciado por **Descartes** bajo la premisa de que coexisten en el hombre dos formas diferentes e incomunicadas: cuerpo (material, externa y soporte del alma, pero no permite el conocimiento de ella) y alma (inmaterial, manifiesta a través de la mente y en forma de pensamiento).

c) *El empirismo*: corriente desarrollada por personalidades como **Hobbes, Locke, Berkeley** y **Bacon,** basada en el estudio de los hechos externos, de lo observable para emitir juicios deductivos sobre posibles características internas y psicológicas que los producen y, por tanto, opuesta al cartesianismo. Tuvo una amplia influencia en el posterior desarrollo del pensamiento conductista.

En **biología,** predominan los estudios de medicina, psiconeurología y patología.

a) Medicina: destacó el estudio de la morfología corporal. **Hipócrates,** considerado el padre de la medicina, despuntó por su teoría de los cuatro temperamentos resultantes de cuatro humores: sanguíneo (sangre → aire-caliente-húmedo), flemático (flema → tierra-fría-seca), colérico (bilis amarilla → fuego-caliente-seco) y melancólico (bilis negra → agua-fría-húmeda). También **Galeno** señaló la base de lo temperamental a través de las nociones de equilibrio y desequilibrio corporal. **Huarte de San Juan,** un médico-filósofo español y seguidor de Sócrates, destacó por su obra *Examen de ingenios para las Ciencias*, considerada uno de los primeros intentos de selección profesional, de clasificación de individuos en función de la tarea, bajo la dicotomía de hábiles-inhábiles, y fundamentado en aspectos físicos y corporales. Por último, **Itard** fue un médico francés conocido por su obra *El niño salvaje de Aveyron,* con la que evaluó las diferencias entre el funcionamiento intelectual normal y patológico.

El niño salvaje incurable: Victor de l'Aveyron

A Victor se le encontró en Francia, en la región de Aveyron, a finales del siglo XVIII. Parecía tener unos 12 años. Su caso fue muy estudiado y debidamente documentado:

En el otoño de 1799, unos cazadores de la zona del Languedoc (cerca de los Pirineos) encontraron a un niño desnudo, al que capturaron. Lo llevaron a la casa de una viuda que lo mantuvo encerrado en una cabaña. A la semana siguiente logró huir a las montañas y pasó allí el invierno. Por la noche se escondía, y durante el día se acercaba a los pueblos. En uno de ellos fue recapturado y enviado a un hospital, donde permaneció varios meses. Siempre se mostró hosco, salvaje y con claras intenciones de volver a escapar. Al estudiarlo detenidamente, los sabios de la época concluyeron que era un niño anormal con deficiencias mentales. Pero Itard, un médico recién doctorado, propuso educarlo mientras lo trataba.

La historia de Victor de l'Aveyron fue convertida en película en 1970, por François Truffaut, bajo el título de *L'enfant sauvage* (El pequeño salvaje). Algunos fragmentos de la película pueden consultarse en la red.

PARA REFLEXIONAR

— Trata de buscar más información sobre el asunto. Victor de l'Aveyron es conocido por ser uno de los primeros casos ampliamente divulgados sobre un niño que, aparentemente, presentaba lo que hoy conocemos como trastorno del espectro autista (TEA).

— Algunas preguntas sobre este caso fueron: ¿Victor, privado de contacto social durante 12 años, era una especie de «bestia» desprovista de cualquier sentido moral? O, al no verse contaminado por la sociedad, ¿dispondría de las virtudes humanas en su sentido más puro? ¿Era posible educar a este niño una vez que muchos de los hitos de su desarrollo no se habían desenvuelto adecuadamente? Intenta responder desde tu conocimiento.

— Busca información sobre los siguientes personajes relevantes para el caso y para la historia de la educación y la psicología: Jean Marc Gaspard Itard (médico francés), Uta Frith (psicóloga inglesa), Harlan Lane (psicólogo americano y escritor).

b) *Psiconeurología:* en este campo aparece **Gall,** quien consideraba el cerebro como portador de las facultades psicológicas del hombre, planteando el estudio de las zonas del cerebro a través del estudio del cráneo, que dio lugar a la **frenología.**

c) *Patología:* los estudios de cadáveres de marginados, delincuentes... permitieron comprobar las relaciones entre ciertas características psicológicas y el modo de enfermar, el tipo de enfermedad, el color de la piel, córnea... Destaca aquí **Fabien Thomas de Trois-Vevre,** quien escribió *Fisiología de los temperamentos o constituciones* en 1826, haciendo una aproximación inicial a la medida objetiva de la constitución corporal, definiendo tipos constitucionales en función de las proporciones relativas de las tres cavidades esplácnicas: cráneo, tórax y abdomen.

Pensamiento científico

Desde finales del siglo XVIII y comienzos del siglo XIX se generaliza la necesidad de comprobar experimentalmente los datos, con base en fuentes del pensamiento racional (empirismo, racionalismo...). Esta inquietud por descubrir la realidad humana de un modo más científico hace que emerjan aportaciones de distintas ciencias y saberes, destacando fundamentalmente cinco fuentes de pensamiento científico[1]: psicofísica, matemáticas (estadística), medicina (neurofisiología y psiquiatría), educación y biología.

Los estudios iniciales de *psicofísica* desarrollados por **Wundt** en Leipzig (Europa) en el primer laboratorio de psicología, y en paralelo por **William James** en Estados Unidos, fueron un aliciente para el desarrollo de una psicología científica. Esta tendría continuación en el campo de la medición de la *psique* a través de *procedimientos físicos* por autores como **Weber** y **Fechner,** quienes se encuentran en el origen del desarrollo de la psicofísica, una disciplina más preocupada por el desarrollo de leyes generales que regulan las relaciones mente-cuerpo, que por el estudio de las diferencias individuales.

En *matemáticas* **Gauss** desarrolló la representación gráfica de la distribución normal de un grupo de datos *(Campana de Gauss),* que es hoy en día el referente gráfico para representar la mayor parte de las diferencias humanas con significado (Jiménez Fernández y González Galán, 2011), y **Quetelet** trató de demostrar que es posible aplicar métodos estadísticos para evaluar el comportamiento humano, a través de normas y medidas de tendencia central. Ofreció una caracterización de la población europea en términos de número de hijos o hijas, talla, peso, natalidad... comprobando las aproximaciones a la curva o

---

[1] La rigurosidad del conocimiento, en este momento, pasa por la utilización de números que traduzcan la realidad humana a aspectos mesurables, valiéndose de la medición y la cuantificación, como la expresión más científica y veraz —aunque no única— del conocimiento que postulan las denominadas *ciencias.*

Campana de Gauss. Este tipo de distribuciones se conocen, desde entonces, como «distribuciones normales». Su trabajo sentó las bases de la psicometría y la pedagogía experimental.

La *medicina* se desarrolló a través de dos áreas de conocimiento:

a) *Neurofisiología:* primeros estudios científicos que establecían conexiones entre el desarrollo biológico y el psicológico; esto es, la existencia de una base biológica del comportamiento. El estudio del funcionamiento del cerebro y del sistema nervioso permitió localizar procesos patológicos del comportamiento con origen cerebral. Destacaron **Broca** y **Dax** (estudio de las bases cerebrales del lenguaje), y **Ferrier** (descripción de los centros psicomotrices).

b) *Psiquiatría:* la preocupación inicial fue explicar los trastornos mentales y perfeccionar los sistemas clasificatorios, diferenciando entre patología mental y deficiencia, bajo el supuesto de que las personas con trastorno mental eran seres incurables intelectualmente. Destacaron las aportaciones de **Pinel** (puso en valor y dio uso a las historias clínicas y familiares, o *anamnesis*), **Esquirol** (discípulo del anterior, y primero en usar las historias familiares, además de proponer varios tipos de retraso mental y diferenciarlo de la enfermedad mental) y **Kraepelin** (primero en emplear técnicas cuantitativas complejas en psiquiatría para evaluar el funcionamiento mental a nivel de percepción, memoria, funciones motoras y atención, con la consecuente diferenciación entre sujetos *normales* y *anormales*. Su clasificación de los trastornos mentales aún se utiliza hoy en día).

En *educación,* un hito clave fue el inicio de la escolaridad obligatoria, junto con el interés por aumentar el nivel educativo y la igualdad de oportunidades en la población, surgiendo propuestas innovadoras en la enseñanza al aplicar principios psicológicos *(pedagogía experimental)*. Se constata la necesidad de evaluar de forma objetiva el rendimiento académico y la fatiga, donde destacan las pruebas diseñadas por **Ebbinghaus** (medición y exploración de la memoria), **Binet** y **Henri** (evaluación de rendimiento y fatiga) y **Fisher** (evaluación del rendimiento en ortografía, cálculo, dibujo...). **Seguin,** pedagogo, se ocupó de la educación y rehabilitación de los deficientes, creando en 1837 la primera escuela para niños con retraso mental y en 1848 diseñando pruebas para detectar alteraciones en el rendimiento sensorial y motor de la infancia. Fue el promotor de la creación de la American Association on Mental Deficiency.

En el campo de la biología se difunden las **teorías evolucionistas** (Chandler, 2016). **Lamark** postula que la evolución es determinista, siendo el fin último *alcanzar la perfección* bajo la idea de que la vida se jerarquiza en función de la perfección lograda por distintas e independientes líneas evolutivas. El ambiente impone desafíos continuos que deben enfrentar para sobrevivir. Propone dos ideas equivocadas:

— *Ley de uso y desuso:* la causa de la evolución es que la función crea órgano para adaptarse al medio adquiriendo nuevas estructuras y funciones que transmitirá a la descendencia.
— *La herencia de los caracteres adquiridos:* cada organismo representa una línea evolutiva independiente por generación espontánea que busca adaptarse al medio.

Por otro lado, **Darwin** publica *El origen de las especies,* que sienta las bases de la teoría de la evolución, a partir de la cual se explica la diversidad de seres vivos y sus causas. Reconoció la importancia de la *conducta* para la adaptación, medida por el éxito reproductivo. Considera que la conducta es *variable* y *heredable.*

«*Si en condiciones de vida cambiantes los seres orgáni-cos presentan diferencias individuales en casi todas las partes de su estructura —y esto es indiscutible—; si, debido a la progresión geométrica de su aumento, hay una lucha rigurosa por la vida durante alguna estación, edad o año —y esto es ciertamente indiscutible—; en-tonces, considerando la complejidad infinita de las rela-ciones de todos los seres orgánicos entre sí y con sus condiciones de vida —que causan una diversidad infini-ta en su estructura, constitución y costumbres, ventajosa para ellos—, constituiría un hecho del todo extraordina-rio el que nunca hubieran surgido variaciones útiles para la prosperidad de cada ser, del mismo modo que han surgido tantas variaciones útiles para el hombre.*

Sin embargo, si en algún momento surgen variaciones útiles para los seres orgánicos, es seguro que los indivi-duos cuyas características se vean afectadas tendrán las mayores probabilidades de conservarse en la lucha por la vida y, en virtud del poderoso principio de la herencia, tenderán a dejar descendientes dotados de características similares a las suyas. A este principio de conservación o supervivencia de los más aptos lo he llamado selección natural. Tal principio implica el perfeccionamiento de cada criatura en relación con sus condiciones de vida orgánicas e inorgánicas, y por tanto —en la mayoría de los casos— algo que debe considerarse como un avance de organización. No obstante, hay formas inferiores y simples que perdurarán mucho tiempo si están bien adap-tadas a sus sencillas condiciones de vida.»

Darwin, 1859 (citado en Ferrándiz Lloret et al., 2014, p. 158).

La propuesta de Darwin es el antecedente de la **teoría sintética de la evolución,** considerada ac-tualmente el único marco para comprender y ex-plicar plenamente la conducta humana. Además, la influencia del evolucionismo ha sido de gran trascendencia para el desarrollo de la psicología diferencial y, por tanto, del diagnóstico.

1.2. Creciendo un nuevo campo de conocimiento

Estos precedentes históricos impulsan el desa-rrollo del diagnóstico pedagógico como *ciencia* a

finales del siglo XIX e inicios del XX, con un enfo-que *diferencialista* (diferencias individuales) fren-te al *experimental* (leyes generales). Thorndike (citado en Dueñas, 2011) sintetiza las aportacio-nes de esta corriente en: *a*) desarrollo y difusión de la experimentación científica, sobre todo con base en la psicología experimental y la estadística; *b*) defensa de la teoría evolucionista y la diferen-ciación, y *c*) interés clínico por sujetos con proble-mas madurativos y de adaptación. La defensa del **método científico-experimental** tiene su máximo exponente en la psicología (Khampaus y Camp-bell, 2008: Jiménez Fernández, 2010):

— **Francis Galton:** padre de la psicología di-ferencial y continuador de la teoría de la evolución. Desde una postura empíri-co-positivista, se interesó por la medición y cuantificación de rasgos físicos y menta-les de amplias poblaciones. Diseñó proce-dimientos de medida (test de discrimina-ción visual, auditiva, táctil y quinestésica...) y empleó una amplia gama de técnicas estadísticas aportando un modo de traba-jar la información estadísticamente *(mé-todo correlacional).*

— **McKeen Cattell:** de orientación evolucio-nista, empirista y discípulo de Wundt y de Galton. Su objetivo fue medir las diferen-cias individuales en la inteligencia a través de las funciones sensoriales, perceptivas y psicomotoras. Acuñó el concepto de *test mental,* que definió como «sistemas uni-formes que permiten comparar y combinar en lugares y momentos diferentes la medi-da de las funciones mentales» (Cattell, 1890, p. 374) y diseñó baterías para evaluar tiempos de reacción (duración mental), umbrales (intensidad mental) y número de estímulos simultáneos percibidos (exten-sión mental).

— **Alfred Binet:** frente al resto de psicólogos centrado en evaluar procesos básicos, en-fatizó en los procesos mentales superiores (imaginación, memoria, comprensión...). Empleó como instrumento el test mental, que debía cumplir: *a*) ser simple (solo puede medir una capacidad) y no llevar mucho tiempo; *b*) emplear medios de determinación independientes del examinador, y *c*) permitir la comparación de datos entre observadores.

Además, fue el primero en hablar de diagnóstico *psicológico* (originalmente, un término medico) y en usar tres exámenes complementarios (médico, escolar y psicológico) para estudiar a los niños retrasados. Del examen médico, propone 30 pruebas que dan lugar al primer test de inteligencia: el **Test de Binet-Simon,** basado en la idea de que las capacidades mentales no son estáticas, sino que aumentan con el desarrollo individual; por tanto, contiene normas de corrección diferenciadas por edad ofreciendo un índice o edad mental, que expresa la capacidad intelectual del sujeto en comparación con otros. Se reformuló en la **Escala de Stanford-Binet,** una prueba de inteligencia general aún vigente y cuyas consecuencias fueron muy importantes —no todas buenas, desde el punto de vista actual— (véase figura 1.1).

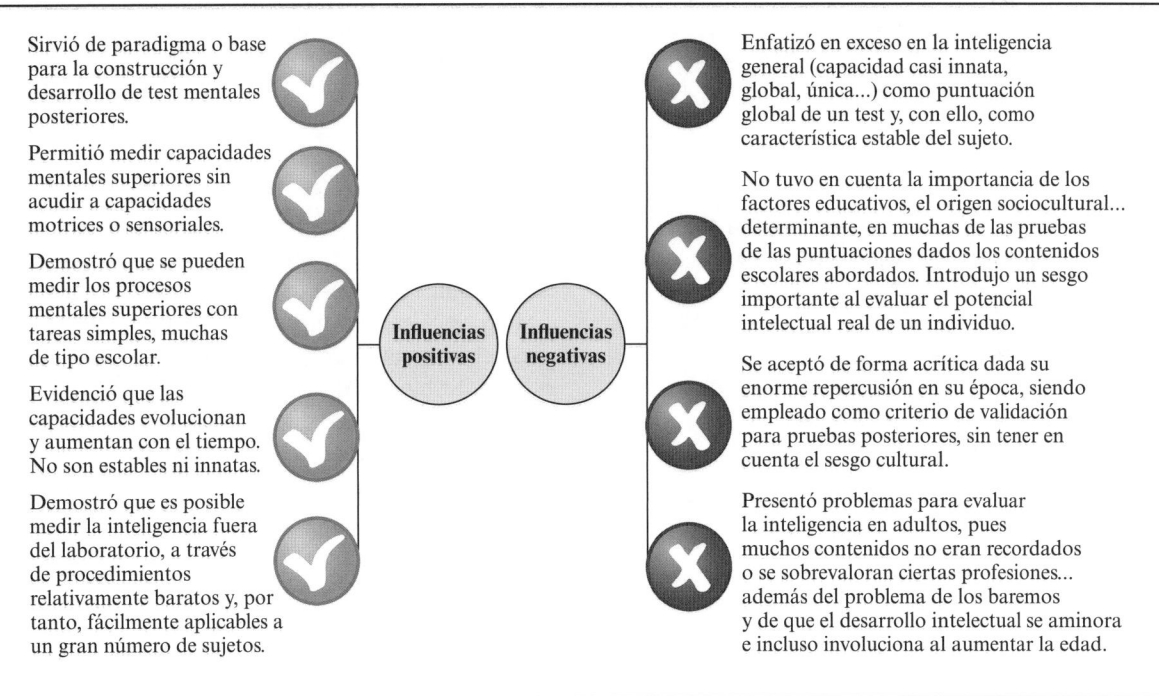

Figura 1.1.—Influencia del diseño y uso de la Escala de Stanford-Binet.

 **La cara y la cruz de los orígenes de la investigación**

Galton y Cattel, junto con Binet, se consideran los padres de la evaluación psicológica y no hay duda de su gran contribución al campo de estudio; no obstante, algunos de sus planteamientos son más que cuestionables hoy en día en términos éticos y morales.

Hay una larga tradición de racismo y clasismo dentro de la psicología, sobre todo de la psicología de las diferencias individuales. Uno de los autores más emblemáticos en esta disciplina es sir Francis Galton (1822-1911), considerado padre fundador de esta, al aplicar los principios postulados por Darwin (su primo), al estudio de las diferencias individuales y en oposición a lo postulado por Wundt. Pese a la relevancia de sus aportaciones al estudio de las diferencias inter/intraindividuales, e intergrupales, ¿sabías que, además, contribuyó enormemente a la segregación, a la legitimación del racismo y a las diferencias de clases? Galton propuso la denominada teoría eugenésica, bajo la idea de que la aplicación de selección artificial a los humanos podría «mejorar la raza» y basada en la limpieza étnica, la esterilización de personas con discapacidad intelectual o con enfermedad mental, y personas pobres, delincuentes. Estas ideas fueron ampliamente aceptadas, no solo por el nazismo alemán, sino también en gran parte de Europa y Estados Unidos.

Algo similar ocurrió con James McKeen Cattell (1860-1944), quien, como representante de la Escuela Americana de Psicología, propuso medir las capacidades mentales a partir de los test mentales, que permitían que las personas «ocupen aquellos puestos apropiados a sus capacidades» (citado en Olmedo Montes y Sánchez-Elvira Paniagua, 2015, p. 35). Muchas de sus ideas fueron una continuación de los presupuestos de Galton que aplicó a la creación de estas pruebas centradas en la evaluación psicológica de carácter sensorial, perceptivo y motriz.

Por último, Alfred Binet (1857-1911), como pedagogo y psicólogo francés, recibió una solicitud del Gobierno francés que le invita a elaborar una escala que permita evaluar la inteligencia de los niños según su edad. Dicha escala fue publicada en 1905 junto a Théodore Simon (psiquiatra).

1.3. La campana de Gauss invertida del diagnóstico pedagógico

El siglo XX representa una época de altibajos en la configuración del diagnóstico como *disciplina científica*. Podríamos representarla como una campana de Gauss invertida (véase figura 1.2), donde al inicio se sitúa el período de *expansión* de la disciplina, con una amplia profusión de instrumentos de medición centrados en estudiantes con dificultades académicas y con la aparición de la orientación, seguido por uno de *crisis,* motivado sobre todo por la crítica a la «testocracia», hasta llegar a los años 70-80, donde se da un *replanteamiento* del diagnóstico, orientado a la evaluación conductual.

Siguiendo la representación de la figura 1.2, entre inicios del siglo XX y mediados de los años 40 se produce la expansión del diagnóstico pedagógico como *disciplina* (Fernández Ballesteros, 1987), combinando las aportaciones del período anterior con la búsqueda de nuevos instrumentos de diagnóstico para detectar dificultades escolares a través de procedimientos estadísticos. La orientación inicial era, por tanto, muy limitada un grupo específico: **el alumnado con dificultades en el contexto escolar.** Si bien el diagnóstico pedagógico todavía era relevado a la medicina y la psicología, destacan algunas personalidades en educación a través de la denominada «Escuela Nueva» (Dueñas, 2011; Jiménez Fernández y González Galán, 2011):

— **John Dewey:** desarrolló la escuela progresiva americana. Su idea era que la educación se podía desarrollar en cualquier entorno, no solo en el escolar, puesto que el aprendizaje se produce a través de experiencias, interacciones y situaciones que serán educativas en la medida en que las controlemos e impulsemos.
— **Ovidio Decroly:** se preocupó por la educación especial y la renovación pedagógica.

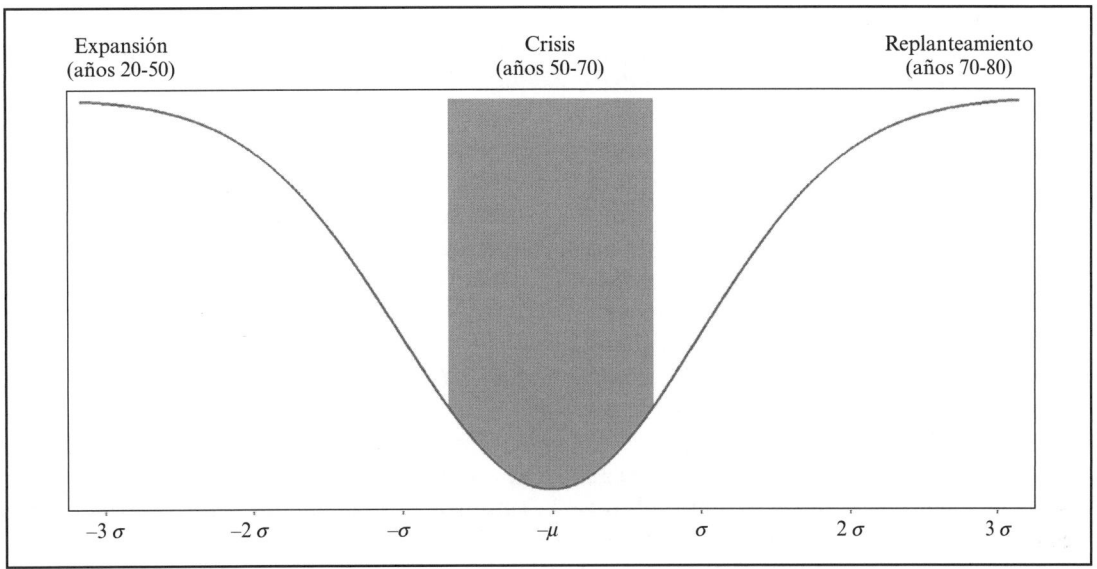

FUENTE: elaboración propia.

Figura 1.2.—Representación gráfica de la evolución del diagnóstico pedagógico en el siglo XX.

Influido por Dewey, creía que la biología era la forma más eficaz para conocer cómo los procesos de aprendizaje estaban determinados por la filogenia individual. Así, el método educativo debía diseñarse según la evolución física y mental individual; esto es, aulas homogéneas y en cursos paralelos según los ritmos de aprendizaje.

— **Edouard Claparède:** empleó el diagnóstico en orientación escolar, defendiendo que la enseñanza se adecúe a las características del alumnado, con un diagnóstico previo.

Otras personalidades relevantes fueron el ya mencionado **Ebbinghaus** y sus test de completar para medir las habilidades escolares y, más aún, **Thorndike,** discípulo de Cattell, preocupado por diseñar instrumentos de medida de la fatiga mental, la escritura y la inteligencia. Se le considera el primero en introducir el diagnóstico en la escuela americana (Dueñas, 2011; Jiménez Fernández, 2010; Pascual, 2015).

También es necesario poner el acento en este período inicial de consolidación de la disciplina en el que se considera «la razón de ser del diagnóstico» (García Nieto, 2007, p. 86): la **orientación.** En esta área destacó **F. Parsons,** quien escribió *Choosing a vocation,* obra que da lugar al nacimiento oficial de la orientación. Junto a este, **J. B. Davis** fue el primero en integrar los programas de orientación en la escuela. Las aportaciones de ambos justificaron la necesidad de conocer a fondo al alumnado mediante un diagnóstico que permita trazar para cada uno el camino más apropiado y en consonancia con su valía personal (Rodríguez Espinar et al., 1993). Así, se abría camino la **orientación educativa** y, con ella, un requisito fundamental para su asentamiento: el **diagnóstico pedagógico.**

Siguiendo la línea temporal trazada, en el período que abarca entre las dos Guerras Mundiales se produce la expansión del diagnóstico pedagógico, sucediéndose una serie de fases o etapas (García Nieto, 2007; Dueñas, 2011; Pascual, 2015):

— **Universalización:** la actividad diagnóstica deja de restringirse al alumnado con dificultades en el aprendizaje, para extenderse a todos los escolares, adquiriendo nuevas funciones y dimensiones. Destaca el uso de entrevistas y cuestionarios de exploración clínica basados en el modelo médico y el psicoanálisis. Algunos test de la época fueron la Escala de Desarrollo Psicomotor de la Primera Infancia (*Scale of Psychomotor Development in Early Childhood,* 1948), de Brunet y Lezine; la Escala de Inteligencia de Wechsler para niños mayores de seis años (*Wechsler Intelligence Scale for Children,* WISC, 1949) y la Escala de Inteligencia de Wechsler para adultos (*Wechsler Adult Intelligence Scale,* WAIS, 1955); entre otros. Comienza el uso de test de intereses vocacionales, aptitudes académicas y baterías pedagógicas de rendimiento académico. Aparecen las primeras acreditaciones en instituciones escolares que introducen el diagnóstico para conocer el cumplimento de los objetivos educativos, al valorar los planes de estudio, al profesorado...

— **Crisis de la psicometría y del uso de test:** en los años cincuenta se produce una reacción contra la *testocracia* propia de la época anterior (Pascual, 2015), en la cual había un uso abusivo de los test psicométricos de aplicación colectiva. Comienzan a aparecer alternativas, como las pruebas clínicas no psicométricas que se aplican a casos individuales y desde un enfoque dinámico de la personalidad.

— **Desarrollo de nuevos modelos de diagnóstico:** a partir de los 70, la crítica hacia los modelos psicométrico y clínico da lugar al desarrollo de un nuevo enfoque diagnóstico, denominado *evaluación conductual.*

Entre los años setenta y ochenta se produce un verdadero cambio en el enfoque y desarrollo del diagnóstico pedagógico debido, según Pascual (2015), a dos factores clave: *a*) avance experimentado por la psicología y las ciencias de la educación, y *b*) nuevas demandas socioeducativas. Estos cambios se ven materializados en el desarrollo de varios modelos teóricos que han continuado hasta la actualidad (modelo ambientalista, modelo interaccionista y modelo cognitivo), en los que nos detendremos más adelante.

1.4. Y todo esto, ¿a dónde nos ha llevado?

Este apartado finaliza con una síntesis de este recorrido histórico del diagnóstico pedagógico sintetizado en cinco momentos clave de esta disciplina (véase figura 1.3):

a) Antecedentes del diagnóstico: interés por el estudio del ser humano y los motivos de su comportamiento. Contemplaría las citadas bases del pensamiento mítico, racional y especulativo, y finalizaría con el desarrollo del pensamiento científico.

b) Desarrollo de la teoría evolucionista: como colofón al desarrollo del pensamiento científico del siglo XIX, y la continuación (dentro de la etapa científica) de los trabajos de Galton, preocupados por abordar las diferencias individuales, las características psicológicas que permiten adaptarse al medio y facilitan la supervivencia.

c) Aplicación del diagnóstico al campo educativo: de la mano de la psicología diferencial de Galton, se evidencia la finalidad descriptiva y clasificatoria del alumnado en función de aptitudes y capacidades, al fin de ofrecer programas educativos especiales a los sujetos que presentan dificultades. Se trata del antecedente de lo que hoy conceptualizamos como *adaptaciones curriculares* para alumnado que presenta necesidades específicas de apoyo educativo.

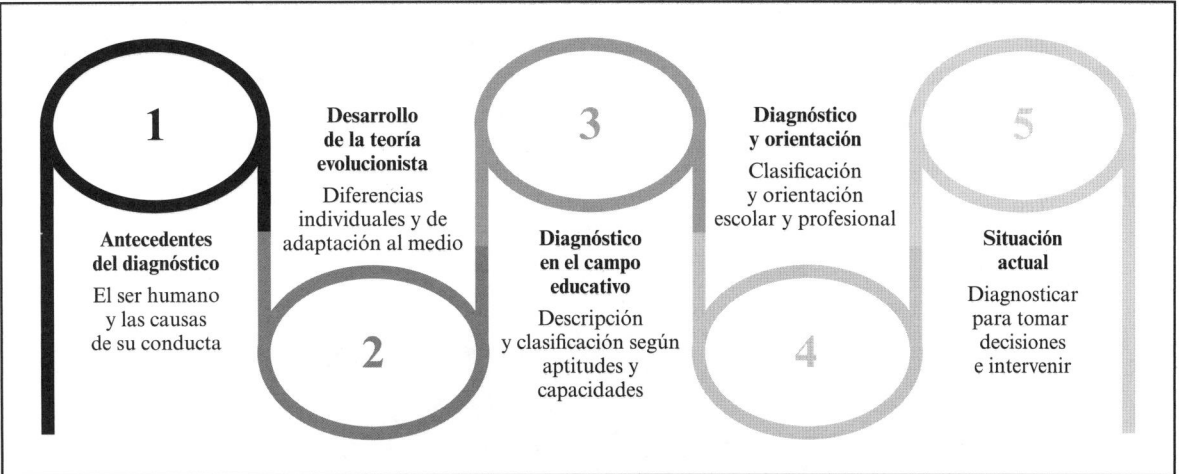

FUENTE: elaboración propia.

Figura 1.3.—Esquema de la evolución del diagnóstico pedagógico: etapas y principal finalidad.

d) Integración del diagnóstico y la orientación escolar: el diagnóstico diferencial avanza hacia un uso más amplio, no solamente clasificatorio, sino también orientador. La orientación escolar y profesional, de la mano de **Parsons** y **Davis** en su origen, permite apoyar al sujeto en sus problemas y dificultades, y asesorar profesionalmente a cualquier individuo, adaptando la información y orientación en función de las aptitudes y capacidades diagnosticadas en el individuo.

e) Situación actual: el diagnóstico no solo aplica a situaciones problemáticas, ni a personas con dificultades, sino que se extiende a cualquier situación que requiera finalmente una intervención para optimizar la realidad educativa.

Este repaso histórico nos lleva al momento actual, en el que confluyen tendencias y enfoques derivados de diferentes modos de conceptualizar la evaluación de la persona, pero que, en definitiva, la consideran como parte integrante y activa dentro del proceso.

2. EL ÁRBOL DEL DIAGNÓSTICO PEDAGÓGICO: PARADIGMAS Y MODELOS APLICABLES A LA EDUCACIÓN

El comportamiento individual se analiza con relación a: *a)* variables de tipo interno, biológico o fisiológico, sistemas de respuesta o reacción, conductas manifiestas o procesos cognitivos subyacentes a su pensamiento y acción, mecanismos de autocontrol y planificación...; *b)* de tipo externo o ambiental, físicas o psicosociales, y *c)* funcionales o de interacción sujeto-medio. Como resultado de la atención a estos tipos de variables, el diagnóstico se configura como ciencia vinculada a diversos campos de conocimiento (medicina, psicología, educación...) y de enfoques de análisis de la conducta (estudios introspectivos centrados en identificar variables intrapsíquicas, estudios experimentales con énfasis en la conducta manifiesta...).

Tres paradigmas (el ambientalista, el interaccionista y el cognitivista) responden a tres elementos clave en el estudio del individuo: sujeto, ambiente e interacción sujeto-ambiente (Dueñas,

2011; Pascual, 2015; Ferrándiz et al., 2014; Fernández Ballesteros, 1987; Sánchez-Elvira y Olmedo, 2005). Estos paradigmas se han trasladado al campo educativo y al diagnóstico pedagógico a través de varios modelos básicos, que introducen en sus planteamientos actuales múltiples factores causales para explicar el comportamiento (véase figura 1.4).

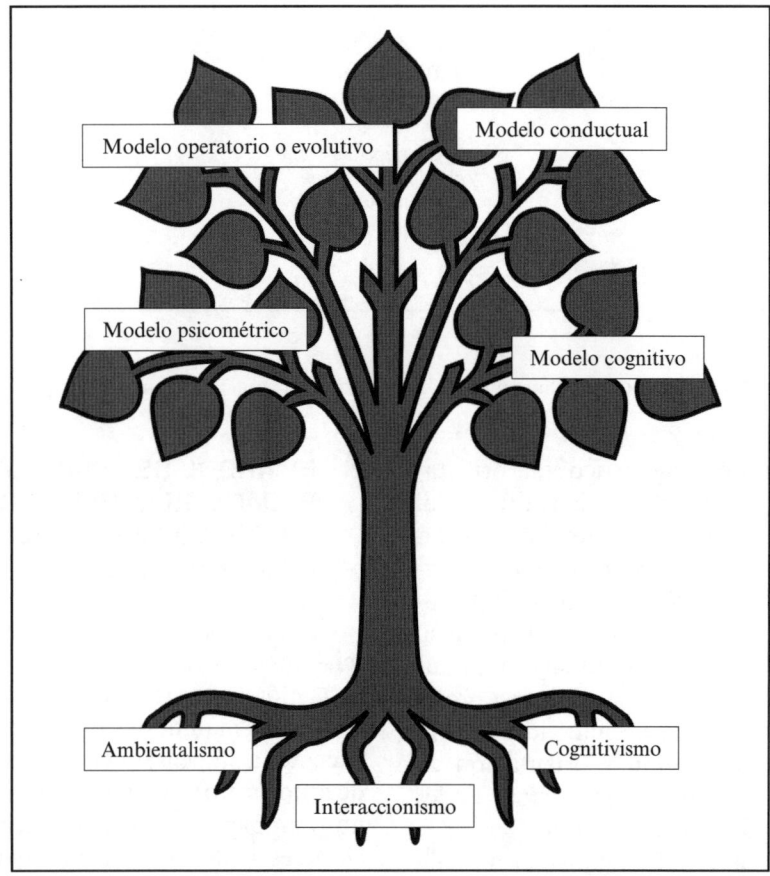

Fuente: elaboración propia.

Figura 1.4.—Representación de las bases teóricas del diagnóstico pedagógico.

2.1. Empezando por las raíces: paradigmas del diagnóstico aplicado a la educación

Enfoque ambientalista (conductista)

También denominado corriente de evaluación conductual ecológica. Es una ampliación del modelo conductual, que propició el enriquecimiento de las teorías evolutivas o genetistas, con las que se dio prioridad al ambiente y su influencia en el desarrollo, por encima del componente hereditario. Asume que el organismo, a nivel interno, es inaccesible y, por tanto, el interés no es la estructura interna del organismo, sino las reacciones ante diversas situaciones; esto es, su objeto de estudio es la comprensión de las interacciones complejas entre individuo (centro de la evaluación) y su ambiente.

Bajo este enfoque se desarrollaron técnicas diagnósticas de exploración de variables ambientales y se propugnó la intervención sobre el ambiente como medio para la modificación conductual. Fue criticado por la excesiva simplicidad en sus planteamientos y por no permitir predecir más allá de los comportamientos manifiestos.

El planteamiento más radical dentro de esta corriente fue postulado por **Skinner,** quien señalaba que las diferencias entre individuos se pueden explicar en función de los aprendizajes previos y la experiencia, a través de su historia personal de refuerzo. Otros planteamientos más modernos estudian la influencia en el comportamiento de cuestiones no tan simples, como las expectativas o consecuencias anticipadas que pueden llegar a ser más relevantes que el estímulo a la hora de emitir una respuesta (Bandura, 1977).

Ciencia y conducta humana, según Skinner

Cuando estamos despiertos actuamos constantemente sobre el medio ambiente, y muchas de las consecuencias de nuestras acciones son reforzantes. A través del condicionamiento operante, el medio ambiente da lugar al repertorio básico con el que mantenemos nuestro equilibrio, andamos, jugamos, manejamos herramientas y utensilios, hablamos, escribimos, conducimos un coche o pilotamos un avión o una embarcación. Un cambio en el medio ambiente —un nuevo coche, un nuevo amigo, un nuevo campo de interés, un trabajo nuevo, una vivienda nueva— puede cogernos desprevenidos, pero nuestra conducta en general se adapta rápidamente a medida que adquirimos nuevas respuestas y desechamos las antiguas. (...) el reforzamiento operante hace algo más que proporcionar un repertorio de conductas. Mejora la eficacia de la conducta y la mantiene en vigor mucho después de que su adquisición o eficacia hayan dejado de interesar.

Skinner (1953, citado en Ferrándiz Lloret, 2014, p. 292).

PARA REFLEXIONAR

A través del condicionamiento operante, Skinner explica la conducta voluntaria en su relación con el medio ambiente, así como las posibilidades de manipulación de las conductas, lo cual, evidentemente, tiene sus implicaciones en el campo educativo.

— ¿Qué ejemplos actuales de estrategias empleadas por el maestro/a en el aula pueden considerarse como propias del condicionamiento operante?
— ¿Cuál crees que es o son las herramientas más apropiadas, bajo las ideas del conductismo, para evaluar la conducta infantil? (test, observaciones, experimentación, entrevistas...).

Enfoque interaccionista

Este enfoque, que surge como reacción contra la corriente situacionista y la paulatina introducción de variables no situacionales por parte del modelo conductual, presenta cuatro características básicas (Marín y Buisán, 1994): *a*) las condiciones que facilitan o no el éxito de un aprendizaje social se encuentran en el ambiente; *b*) el significado que el individuo da a la situación ambiental es relevante; *c*) el organismo tiene un carácter activo, y *d*) los factores cognitivos son muy relevantes para las variables personales.

La persona se considera una *totalidad* (en coherencia con los planteamientos de la psicología de la Gestalt, que señalaba: «El todo es superior a la suma de sus partes»), de modo que la conducta se explica como resultado de la constante interrelación entre variables personales y situacionales. Precisamente, esta idea fue originaria de **Lewin,** quien, en los años 30, publicó varios trabajos sobre el aprendizaje, donde defendía la conducta como una función que surge de la interacción sujeto-medio; por *autoobservación,* el individuo contempla los elementos internos —que actúan como modificadores o mediadores— y que están presentes tanto en la estimulación como en su conducta. Así, es posible controlar las situaciones y, de hecho, lo más importante, el sujeto puede controlar y reforzar sus propias conductas, mediante *autorrefuerzos* o *refuerzos internos* (Ferrándiz et al., 2014; Jiménez Fernández, 2010).

Enfoque cognitivista

Su origen data de los 70 cuando, reaccionando contra el ambientalismo que considera al ser humano manipulable y dependiente de factores externos, se empieza a dar importancia a lo específicamente humano: los procesos cognitivos. El hombre es un manipulador activo de la información. Siguiendo algunos planteamientos de la Gestalt, como el rechazo a reducir la conducta a términos excesivamente analíticos de tipo E-R (estímulo-respuesta), comienza a estudiarse la percepción, el funcionamiento de la mente humana (analogía del ordenador) y el aprendizaje de conceptos mediante estrategias activas de búsqueda de información. Como resultado, aparecen nuevas formas de evaluar la inteligencia, priorizando las variables cognitivas (cognición, funciones mentales superiores, memoria, atención, lenguaje...), los modos de procesar la información y de elaborar las respuestas. La inteligencia abandona su definición como conjunto de rasgos o factores, para adoptar un carácter funcional y dinámico, reflejo de la modificabilidad de las capacidades cognitivas.

En síntesis, todos estos enfoques han supuesto cambios de gran trascendencia en el proceso de diagnóstico, abriendo nuevas posibilidades de intervención, en coherencia con el propio sistema de diagnóstico (Dueñas, 2011; Kamphaus y Campbell, 2008). Además, lo que estos paradigmas aportan es una base para conocer cómo enfocar el diagnóstico; es decir, proponen diferentes formas de concebir las relaciones persona-ambiente y, en función de ello, determinar qué se va a estudiar del sujeto y con qué medios. Se trata también de una opción de tipo ético, previa al diagnóstico, fundamental sobre las actuaciones posteriores.

2.2. Caminando por las ramas: modelos de diagnóstico pedagógico

Los modelos son sistemas conceptuales, configurados en forma de esquemas explicativos a fin de representar aspectos interrelacionados dentro de sistemas reales (Lázaro, 2002; Martínez González, 1993). A través de ellos, es posible configurar un marco de referencia para el diseño y análisis de las actuaciones o intervenciones en un campo (Losada-Puente y Fiuza-Asorey, 2022; Rodríguez Espinar et al., 1993).

El diagnóstico pedagógico toma como base modelos que proceden de otros campos de conocimiento (medicina, psicología, sociología), de los que recogen sus características básicas (objeto de estudio, finalidad, metodología, técnicas, variables...) (Dueñas, 2011). En psicodiagnóstico, autoras como Fernández Ballesteros (1987) o Martínez González (1993) diferenciaron cinco modelos de evaluación aplicables al diagnóstico pedagógico: modelo de atributo, modelo dinámico, modelo médico, modelo conductual radical o cognitivo, y modelo conductual cognitivo-social y/o interaccionista. En el campo educativo, estos modelos se han centrado en evaluar al escolar en el contexto educativo, diferenciándose: modelo psicométrico, modelo evolutivo, modelo conductual y modelo cognitivo.

El modelo psicométrico

También denominado modelo de atributo, de rasgo, diferencial o tradicional. Se trata del primer modelo psicológico de diagnóstico, que parte de una concepción de que la capacidad o aptitud intelectual puede *desmenuzarse* en categorías cuantitativamente descriptivas. Estudia las diferencias individuales interpretando que la conducta del individuo es como un *signo,* consistente a lo largo del tiempo, situaciones y contextos (excepto los cambios que son fruto de la evolución madurativa o de un proceso patológico). El ambiente (variables del entorno) solo interesa en la medida en la que puede explicar cómo se forman los rasgos y factores de la personalidad. Entre sus autores más representativos se encuentran **R. Catell, Eysenck** y **Guilford;** también los trabajos de **Galton** y **McKeen,** pioneros en el desarrollo de este modelo (ver apartado 1.2).

Su finalidad es **describir** (medir rasgos característicos del comportamiento, sin buscar explicaciones causales), **clasificar** (sistematizar la información basándose en criterios establecidos) y **predecir** (prever el comportamiento futuro del individuo basándose en la conducta actual, ya que esta será estable). Se plantea un diagnóstico **normativo,** que se sirve de normas para expresar e interpretar cada resultado individual (diferencias interindividuales) de acuerdo con valores de referencia estadística, y que utiliza **metodología correlacional** (diferencias interindividuales en rasgos estables de comportamiento), con técnicas psicométricas e instrumentos como los test, cuestionarios y escalas que evalúan la inteligencia, personalidad, motivación o intereses.

Su aplicación al ámbito escolar se relaciona con la **orientación personal** (descripción y clasificación del alumnado y control del proceso de orientación) y **profesional** (ayuda para tomar decisiones sobre la elección de una carrera profesional o puesto de trabajo).

En la actualidad sigue siendo el modelo más empleado, aunque parcialmente modificado, pues se pone mayor énfasis en el sujeto diagnosticado y se tienen en cuenta otros agentes en la valoración (profesorado y familias), se introduce una valoración cualitativa que complemente a la cuantitativa, se complementan las pruebas normativas con las criteriales, así como el análisis psicológico con el de tareas, lo que lo aproxima a otros modelos que abordaremos a continuación.

El modelo operatorio o evolutivo

Su base es el **constructivismo,** que considera que la inteligencia se construye en la interacción sujeto-realidad externa, mediante dos procesos interrelacionados: *a) asimilación* (incorporación de objetos a los esquemas del individuo), y *b) acomodación* (transformación de la realidad para incorporarla a los esquemas previos del individuo). Su figura más representativa es **Piaget,** quien, a través de su teoría del desarrollo cognitivo, explicó el funcionamiento de la mente humana como organización progresiva de conocimiento en estadios: sensoriomotor, preoperatorio, operatorio y lógico formal.

El diagnóstico es un proceso **dinámico y explicativo,** pues intenta explicar el tipo de organización cognitiva que posibilita la dinámica del desarrollo, siendo su finalidad caracterizar el nivel de funcionamiento cognitivo del sujeto en cada momento de su desarrollo para así determinar de forma cualitativa sus formas de razonamiento. Emplea una **metodología clínica experimental,** que combina el uso de la **entrevista clínica** (el individuo realiza tareas, bajo las indicaciones, sugerencias y preguntas del investigador) y el **método experimental** (se valora la capacidad de aprendizaje y de generalización del individuo por medio de la observación).

Este modelo ha tenido amplia aplicación al campo educativo, dada la relevancia que tiene conocer el desarrollo cognitivo del estudiante para poder diseñar una intervención educativa que se adapte a las características individuales, sobre todo en estudiantes que presentan necesidades específicas de apoyo educativo (NEAE). Los sistemas educativos han incorporado elementos clave de la teoría constructivista, modificando la metodología de enseñanza para hacerla más significativa, dando un rol más activo al estudiante en su aprendizaje y una secuenciación más adecuada de contenidos curriculares. En España esta influencia aparece, por primera vez, en la Ley Orgánica 1/1990, de 3 de octubre, de Ordenación General del Sistema Educativo (LOGSE).

El modelo conductual

También conocido como modelo funcional. Su autor más destacable es **Watson,** psicólogo iniciador del conductismo, que postuló que la conducta humana es explicable en términos de conexiones estímulo-respuesta (E-R). En España este modelo se desarrolla bajo el nombre de modelo de evaluación conductual (Fernández Ballesteros y Carrobles, citado en Dueñas, 2011), desde el que se propone identificar las conductas del individuo (motoras, fisiológicas y cognitivas) y las ambientales y/o internas que las mantienen, como base para orientar un tratamiento o intervención.

Educación mediante conexión E-R: condicionamiento del miedo en pequeño Albert

Neisser, en 1967, como cognitivista que se opone a los planteamientos conductuales, señaló que «desde Watson hasta Skinner, el conductismo radical ha sostenido que las acciones del hombre se deben explicar solo en términos de las variables observables, sin ninguna vicisitud interna» (citado en Ferrándiz Lloret, 2014, p. 325) y es que, por ejemplo, Watson señaló que el ambiente es primordial, siendo posible lograr que los seres humanos sean cada vez mejores si nos empeñamos en ello (Ardila, 2013). Es ampliamente conocida su argumentación al respecto:

Dadme una docena de niños sanos y bien formados y mi mundo específico para criarlos, y yo me comprometo a tomar cualquiera de ellos al azar y entrenarlo para que

llegue a ser cualquier tipo de especialista que quiera escoger: médico, abogado, artista, mercader y sí, incluso mendigo y ladrón, sin tener para nada en cuenta sus talentos, capacidades, tendencias, habilidades, vocación o raza de sus antepasados.

(Watson, 1930, p. 104, tomado de Ardila, 2013)

? PARA REFLEXIONAR

— ¿Te parece que es posible modelar, hasta ese punto, la conducta humana? ¿Puede relacionarse esto con la idea de la plasticidad?
— ¿Qué implicaciones tiene la posición defendida en el texto sobre la naturaleza humana, la libertad y la capacidad de ser educador?

Este modelo se centra en el **control** y la **explicación** de la conducta mediante análisis de **variables ambientales,** en función de tres elementos interdependientes: estímulo E (circunstancias en las que ocurre la conducta), respuesta R (conducta en sí misma) y reforzamiento (consecuencias). Por tanto, su objetivo prioritario es estudiar la conducta humana observable de forma ideográfica, para determinar las características conductuales independientemente de su etiología. Desde una postura radical de este modelo, el fin es facilitar la modificación de la conducta (intervención). Utiliza como metodologías y técnicas la **observación** (registro de conducta, escalas de apreciación, autorregistros...) para identificar condicionantes que producen o mantienen la conducta, y la **experimentación,** para comprobar los efectos de la manipulación ambiental.

Se aplica a diversidad de contextos como son el **clínico** (modificación de hábitos de dependencia, tabaquismo, drogadicción, ludopatía...), **social** (tratamiento para jóvenes delincuentes y personas en riesgo de exclusión social) y **educativo** (modificación de conducta en escolares, adquisición/modificación de técnicas y hábitos de estudio...).

El modelo cognitivo

Es el resultado de la convergencia entre los debates y problemáticas suscitados desde diversos campos de conocimiento (psicología, lingüística, filosofía, inteligencia artificial y neurociencia). Su planteamiento fundamental es que el hombre es un **ser activo** lleno de potencialidades que es necesario potenciar y enriquecer a través de un aprendizaje dinámico. Para ello se debe conocer cómo el individuo procesa la información para adaptarse a la realidad, estudiando sus procesos cognitivos superiores (capacidad de atención, memoria, comprensión, razonamiento, resolución de problemas, percepción...).

Un elemento clave de este modelo es el concepto de **metacognición,** un constructo multidimensional, introducido por **Flavell** en los años 70, que se refiere al conocimiento que tiene el individuo sobre sus procesos cognitivos y cómo los regula (Rhodes, 2019). Integra, por tanto, dos componentes clave en el aprendizaje del estudiante:

a) *Conocimiento metacognitivo:* incluye el conocimiento declarativo del estudiante sobre sus estrategias de aprendizaje y sobre el mismo como aprendiz, el conocimiento procedimental relativo a cómo emplea esas estrategias y el conocimiento condicional, que le permite saber cómo y por qué emplearlas.

b) *Habilidades metacognitivas,* de orden superior, que suponen la regulación de la cognición y conducta por parte del alumno (análisis, planificación, monitorización, reflexión y evaluación ante la ejecución de una tarea).

La metodología para conocer los procesos cognitivos superiores del escolar se basa en la combinación de la estrategia **experimental, correlacional** y **observacional,** que incluyen el uso de instrumentos que recogen información verbal del escolar (entrevista, cuestionario, registro y análisis del pensamiento en voz alta...), y no verbal (análisis de la ejecución independiente ante un test, observación en contextos naturales o cuasinaturales...), así como el análisis de la interacción social (enseñar a otro a resolver una tarea, cooperar en la resolución de un problema).

Su aplicación al campo psicoeducativo se vincula con los procesos de enseñanza-aprendizaje, procurando al estudiante actividades que permitan manejar una gran cantidad de información y procesarla a nivel *afectivo* (en relación con experiencias escolares previas), *cognitivo* (asociado al modo de procesar y relacionar contenidos previos con los nuevos) y *metacognitivo* (conocimientos declarativos, procedimentales y condicionales, y la aplicación de estrategias adaptadas a cada situación) (Dueñas, 2011). La propuesta metacognitiva trata de ayudar al alumnado a *aprender a aprender,* responsabilizándolo de sus acciones al comprender y aprender de modo reflexivo y consciente (Losada-Puente y Fiuza-Asorey, 2022; Rhodes, 2019).

La teoría de la mente y el trastorno del espectro autista

El concepto de metacognición o teoría de la mente (TM) es la capacidad innata en humanos para comprender y predecir la propia conducta y la de las demás personas. Se refiere a todos los procesos cognitivos, como, por ejemplo, pensar sobre el propio pensamiento y aprender a regularlo. Se va desarrollando en los primeros años de vida hasta adquirirse, totalmente, en torno a los cuatro años y suele verse afectada en personas con trastorno del espectro autista, aunque se puede trabajar.

Para explicar este constructo Barón-Cohen y sus colaboradores diseñaron un experimento (Test de Sally-Anne o de la tarea de «creencia falsa»), donde se pone a prueba la capacidad del niño o la niña de desarrollar su teoría de la mente. El experimento se basa en la presentación de una historia al niño, que se puede sintetizar de la siguiente forma:

Sally tiene una cesta y Anne tiene una caja. Sally coloca una canica en su cesta antes de salir de la habitación y Anne (cuando Sally está fuera) saca la canica de la cesta y la coloca en su caja. Cuando Sally regresa a la habitación se le pregunta al niño o niña: ¿dónde buscará Sally su canica?

Si el niño tiene desarrollada su TM, señalará que Sally buscará la canica en el cesto porque no sabe que Anne ha cambiado la canica y la ha puesto en su caja; pero si no tiene TM, dirá que Sally buscará en la caja, pues no comprende que Sally piense que la canica aún está en el cesto, puesto que estaba fuera en el momento en el que la canica fue cambiada de sitio. El niño que no dispone de TM no entiende que sus acciones están basadas en un pensamiento equivocado, ni que los demás tienen sus propios estados mentales y que pueden ser diferentes de la realidad y diferir de los propios.

?

PARA REFLEXIONAR

Busca información adicional sobre el experimento de Anne y Sally, y trata de dar respuesta a las siguientes preguntas: ¿hasta qué edad se espera que el niño responda incorrectamente a las demandas del test?, ¿cuál será la respuesta de un niño/a con TEA y por qué?

Si tienes la posibilidad, trata de aplicar esta prueba a dos niños de distintas edades, para comprobar las diferencias cualitativas en sus valoraciones.

A modo de ejemplo sobre su aplicación, puedes consultar en la red la explicación realizada por el canal National Geographic.

Un modelo alternativo: el modelo de calidad de vida y su aplicación al contexto educativo

La calidad de vida es un constructo de carácter multidimensional, que hace referencia al bienestar físico, psicológico y social del individuo, a su capacidad para lograr una integración social positiva y a las oportunidades para desarrollar todo su potencial personal en el marco de su sociedad de pertenencia y, por supuesto, a cómo el individuo percibe su satisfacción general con la vida (Baña y Losada-Puente, 2016a).

Este modelo tiene su referente más claro en el campo de las alteraciones del desarrollo intelectual, si bien sus formulaciones son comunes a todos los individuos. La base que sustenta este modelo es el **paradigma de los apoyos,** con el que se pone la atención en las necesidades y demandas de apoyo requeridas por cada individuo para mejorar su funcionamiento a nivel individual y, en consecuencia, diseñar modelos de intervención basados en los resultados personales que la persona estima determinantes en su calidad de vida (Baña y Losada-Puente, 2019; Verdugo y Schalock, 2010). Además, la interacción entre las necesidades individuales y las familiares en el seno de la unidad familiar y la necesidad de intervenir sobre ellas para darle una respuesta a través de los apoyos necesarios y adecuados ha dado lugar al modelo de calidad de vida familiar. Este modelo plantea el concepto de bienestar en un sentido dinámico, donde las familias adquieren un rol protagonista al participar en la dotación de recursos y medidas que favorezcan la inclusión de sus hijos o hijas, detectando las posibles barreras para la inclusión (Baña et al., 2022; Losada-Puente et al., 2022).

Cuando estas barreras se circunscriben al contexto educativo, hablamos de calidad de vida escolar con la que dar respuesta al fin último de las escuelas: la búsqueda del bienestar y satisfacción del alumnado fomentando su desarrollo, y el del resto de la comunidad educativa (profesorado, familias, personal administrativo...) en un entorno y clima de aprendizaje adecuados y basados en el respeto y la diversidad.

Dentro de este amplio concepto, son cada vez más los estudios que se centran en analizar su componente psicosocial, denominado *bienestar escolar* (Losada-Puente et al., 2022; Rousseau y Espinosa, 2018)*,* y que se describe como un constructo multidimensional (Nemiña et al., 2023; Mendiri et al., 2024; Steinmar et al., 2018), que hace referencia a un estado dinámico que resulta de la valoración subjetiva que tiene el alumnado con su experiencia en la escuela (Losada-Puente et al., 2022). La creciente atención que se está prestando a este concepto resulta de gran importancia para desarrollar estrategias de aprendizaje que tengan en cuenta, no solo aquellas variables educativas vinculadas al desarrollo académico y a las habilidades comportamentales, sino también aquellas que permitan mejorar el ambiente de aprendizaje y la salud socioemocional, y que se encuentran implicadas en la mejora de la experiencia escolar y el éxito académico, tales como el clima escolar, la motivación o el compromiso e implicación del alumnado con la escuela, entre otros.

El fin es lograr un diagnóstico lo más preciso posible sobre el bienestar del alumnado para orientar las actuaciones hacia su mejora en las escuelas.

Un recreo tan loco como ideal

Silvana Corso relata, en una conferencia impartida en TED, su experiencia en la infancia cuando, en la escuela, fue diagnosticada como alumna con trastorno de aprendizaje y, con ello, sus docentes e, incluso, su madre comenzaron a desconfiar de su capacidad de aprender. Con el tiempo se dieron cuenta de que la dificultad de Silvana era que ella «no sabía cómo aprender» y no había una metodología de enseñanza que la ayudase a estudiar. Así fue como decidió ser docente para observar y entender qué necesita cada niño en su desarrollo. «Así nació mi vocación», dice. «Quisiera enseñar a aprender».

Otro de sus relatos se refiere al desafío que vivió cuando su hija nació con parálisis cerebral. Optó por llevarla a un jardín infantil, y no a un centro de rehabilitación (recomendación médica). Señaló que «un día, una escuela nos aceptó» y así vio un modelo de escuela real, que aceptaba cualquier niño para educarlo, sin barreras. A partir de sus experiencias, Silvana se especializó en educación inclusiva. «Una escuela inclusiva es una escuela que se ocupa y se preocupa por todos y cada uno de sus alumnos».

 PARA REFLEXIONAR

Visualiza la charla de TED de Silvana Corso y anota las ideas que te parezcan más relevantes. Luego, reflexiona sobre lo siguiente:

— ¿A qué se refiere Silvana cuando considera que las escuelas inclusivas deben dejar de ser necesarias? ¿Cómo se podría alcanzar este objetivo?
— Recordando tu experiencia escolar, ¿dónde crees que estaba puesto el foco de atención de las escuelas?, ¿en los contenidos curriculares, en los aspectos psicológicos, cognitivos y afectivos del estudiante?, ¿a qué crees que se debe?
— ¿Qué crees que quiere transmitir Silvana cuando señala que «de repente, un jardín nos eligió, sí; siempre digo que los padres que tenemos un hijo con algún tipo de discapacidad no elegimos las escuelas. Las escuelas nos eligen»?
— ¿Cuántos servicios externos a los centros educativos conoces que trabajen en atención a la diversidad?

---

3. HOJAS DEL ÁRBOL: ENTENDIENDO EL CONCEPTO DE DIAGNÓSTICO PEDAGÓGICO

3.1. ¿Hojas distintas del mismo árbol? ¿Árboles distintos que comparten espacio?

El diagnóstico pedagógico es una «realidad dinámica, en constante evolución, compleja y que admite diversas interpretaciones» (Pascual, 2015, p. 39). Su dinamismo viene dado por la diversidad de paradigmas y modelos que han nutrido de conocimiento a esta disciplina y, en ocasiones, han provocado cierta confusión terminológica con respecto a otros conceptos como medición *(measurement)*, valoración o apreciación *(appraisal)*, evaluación *(evaluation, assessment)*, examen... No es objeto de este apartado diferenciar estos conceptos[2], sino solo detallar algunos matices con respecto a aquel con el que el diagnóstico pedagógico ha tenido mayor confrontación: la evaluación.

Dueñas (2011) señala que los conceptos de diagnóstico y evaluación podrían llegar a ser considerados como sinónimos si analizamos el origen de ambos. La tradición del diagnóstico se vinculó, en sus inicios, a la medicina (designación de enfermedades) y, más adelante, a la psicología, de la cual se originaron dos vertientes: *a)* el psicodiagnóstico (detección y exploración de enfermedades psíquicas), y *b)* la evaluación conductual (conocimiento e identificación de las características del sujeto, atendiendo también al ambiente y a la interacción sujeto-entorno). Precisamente, esta última introduce el concepto de evaluación, permitiendo en ese momento diferenciar los dos modos de conceptualizar y practicar el diagnóstico.

---

[2] Se recomienda la lectura de Dueñas Buey (2011), Pascual Gómez (2015) y/o Pierangelo y Giuliani (2008) para una extensa revisión de estos conceptos.

 **Una visión restrictiva del diagnóstico pedagógico**

Martínez González, en el año 1993, reflexionaba acerca de las definiciones facilitadas a finales del siglo XX a la cuestión del diagnóstico pedagógico. Señalaba, al respecto del enfoque excesivamente centrado en la dificultad, lo siguiente:

«Esta perspectiva representa un punto de vista tradicional en la consideración del diagnóstico, que se deriva de sus orígenes en el campo clínico y curativo. Se trata de una perspectiva reduccionista del diagnóstico pedagógico, ya que no contempla la exploración de los alumnos que no presentan dificultades. De otro lado, según se desprende de la definición, se limita a la detección o identificación de las causas, sin especificar nada sobre su interpretación y valoración, por lo que podría considerarse que la función del diagnóstico es meramente técnica, no evaluadora.»

(Martínez González, 1993, p. 26)

Con esta afirmación, Martínez González (1993) cuestionaba que el diagnóstico pedagógico se deba circunscribir a la problemática del estudiante en el centro educativo, siendo necesario atender también a otros contextos educativos más amplios (familia, comunidad...).

Adoptando esta perspectiva tradicional, el diagnóstico se reduciría a una actividad descriptiva, de carácter descontextualizado y vinculada exclusivamente al *problema* o *dificultad* del sujeto, para el cual se aplicaría un enfoque terapéutico o remedial, en detrimento de una intervención que restaurase de forma óptima al individuo en su contexto educativo o formativo (Mangal y Mangal, 2018). Por ello, Martínez González (1993) y Pascual (2015) sintetizan las aportaciones de diversos autores identificando los matices diferenciadores entre diagnóstico y evaluación en términos de significación e intencionalidad, momento de realización, objeto analizado, profesionales implicados, ámbito de valoración y técnicas empleadas (véase figura 1.5).

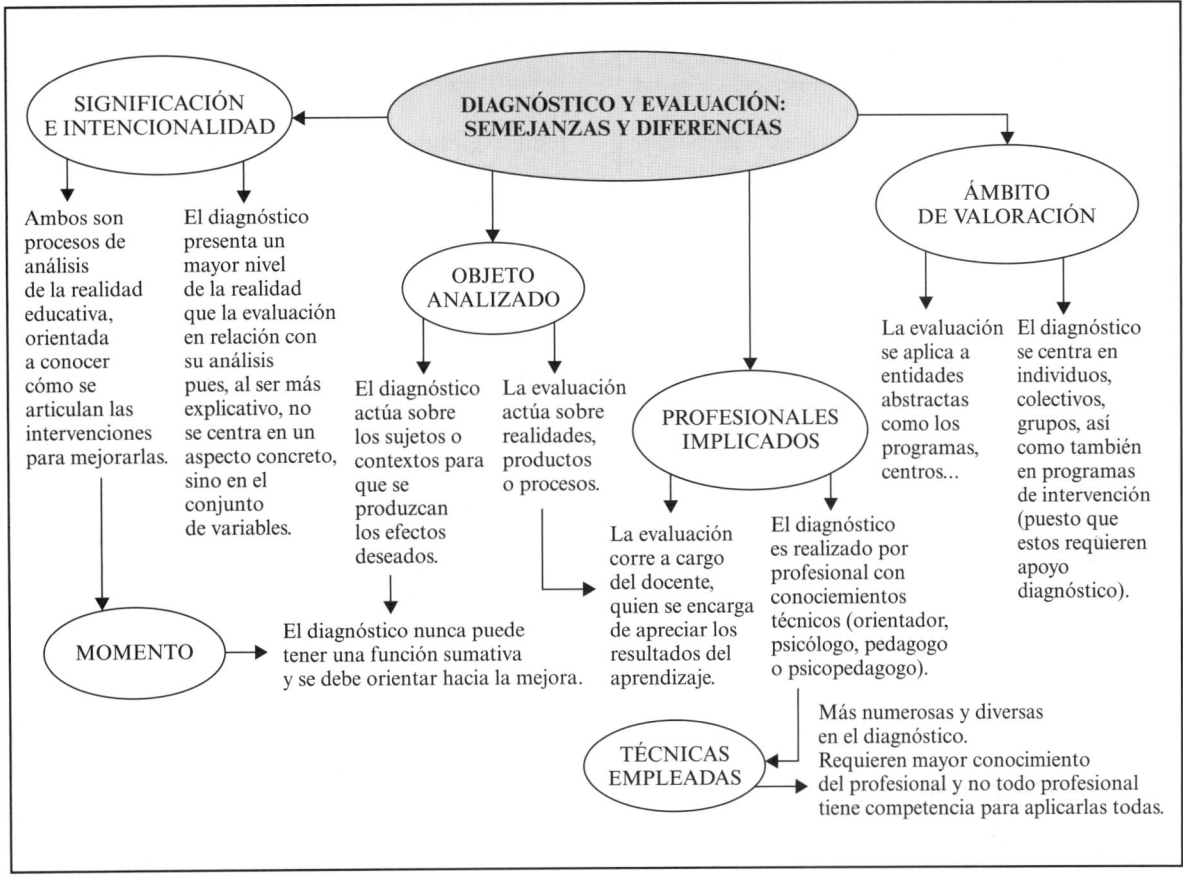

Figura 1.5.—Diagnóstico y evaluación: algunos elementos comunes y matices diferenciadores.

En definitiva, como señaló en el año 1994 Lázaro (citado en Pascual, 2015):

> «el hecho diagnóstico implica la delimitación dinámica de situaciones educativas, para valorarlas, tomar decisiones de intervención que afecten a alumnos, profesores, programas, procesos, productos, organizaciones, instituciones o sistemas [por lo que] su posición metodológica (...) implica descripción y evaluación; es más, afirma que se evalúa porque se está diagnosticando.»
>
> Lázaro (1994, citado en Pascual, 2015, pp. 41-42).

El diagnóstico en educación es una disciplina con una identidad propia y próxima a la evaluación psicológica de la cual se nutre, pero de la que se ha separado gracias a los cambios en los paradigmas educativos, en la normativa reguladora del sistema educativo y en las exigencias socioeducativas que derivan de estos. Se puede decir que su campo de acción se amplía a la intervención educativa (Mangal y Mangal, 2018). Recogiendo las ideas de Anaya (1994) y Jiménez Fernández (2010), se define el **diagnóstico pedagógico** como un proceso amplio y realizado con suficiente rigor científico, que pretende:

> Estudiar aspectos del individuo y su entorno, identificando y valorando sus potenciales capacidades, comportamientos, actitudes o atributos personales en un contexto dado.
>
> Buscar una explicación etiológica sobre las causas, alternativas o factores que están en la base de la situación experimentada por el individuo.
>
> Explicar las consecuencias sobre él, mediante la síntesis de información recogida a través de técnicas diversas.
>
> Y apoyándose en esos resultados, especificar los recursos singulares que requiere para atender a sus necesidades específicas de apoyo educativo planificando, cuando sea necesario, una intervención adecuada para mejorar satisfactoriamente esas acciones, la personalidad y la madurez del individuo.

En definitiva, es una parte sustantiva del proceso educativo (Chorieva, 2020; Mangal y Mangal, 2018; Jiménez Fernández, 2010), pues su fin es apoyar dicho proceso para que los aprendices alcancen los objetivos formativos y su desarrollo personal y de mejora.

3.2. Normativa reguladora del diagnóstico pedagógico

El sistema educativo español se rige por lo establecido en la actual ley educativa: la Ley Orgánica 3/2020, de 29 de diciembre, por la que se modifica la Ley Orgánica 2/2006, de 3 de mayo, de Educación (LOMLOE). Esta ley deroga la anterior, la Ley Orgánica 8/2013, de 9 de diciembre, para la mejora de la calidad educativa (LOMCE), vigente hasta el curso académico 2020/2021, y la cual no sustituía, sino que modificaba el texto de la Ley Orgánica 2/2006, de 3 de mayo, de Educación (LOE) (véase figura 1.6).

Además de este marco legal, como se observa en la figura 1.6, el primer nivel de concreción curricular en las etapas de la Educación Infantil y Educación Primaria está regulado, respectivamente, a partir del Real Decreto 95/2022, de 1 de febrero (que deroga el Real Decreto 1630/2006, de

29 de diciembre), por el que se establecen las enseñanzas mínimas del segundo ciclo de Educación Infantil y al Real Decreto 157/2022, de 1 de marzo (que deroga el Real Decreto 126/2014, de 28 de febrero), por el que se establece el currículo básico de la Educación Primaria, junto con la Orden ECI/3960/2007, de 19 de diciembre, por la que se establece el currículo y se regula la ordenación de la educación infantil y la Orden ECD/65/2015, de 21 de enero, por la que se describen las relaciones entre las competencias, los contenidos y los criterios de evaluación de la Educación Primaria, la Educación Secundaria Obligatoria y el Bachillerato. De todo este entramado legislativo, es de especial interés la *evaluación* del estudiante y la realización de *diagnósticos*.

A partir de este nivel, dado que el Estado español transfiere sus competencias en educación a las Comunidades Autónomas, serán estas quienes dispongan de autonomía para desarrollar las directrices generales del marco legislativo estatal. En concreto, en Galicia nos centraremos en la legislación que compete a la atención a la diversidad, y a las necesidades específicas de apoyo educativo (véase figura 1.4), dejando para el capítulo 2 el apartado referente a la función que desempeña el maestro en Educación Infantil y Primaria en el marco del proceso diagnóstico.

El diagnóstico pedagógico en la Educación Infantil en el ámbito estatal y autonómico

La LOMLOE (2020), al igual que ocurría con la ley educativa precedente (la LOMCE, 2013), no realiza modificaciones sustanciales en lo referido a la etapa de la Educación Infantil, situando a la LOE (2006) como marco de referencia en lo que respecta a los principios generales, objetivos, ordenación y principios pedagógicos, así como a la oferta de plazas. Dichos aspectos quedan regulados en los artículos 12, 13, 14 y 15 del Título I (Capítulo I) de la LOE (2006). En cuanto a la gratuidad de la enseñanza, la LOMLOE (2020) incorpora, en su disposición adicional tercera, la

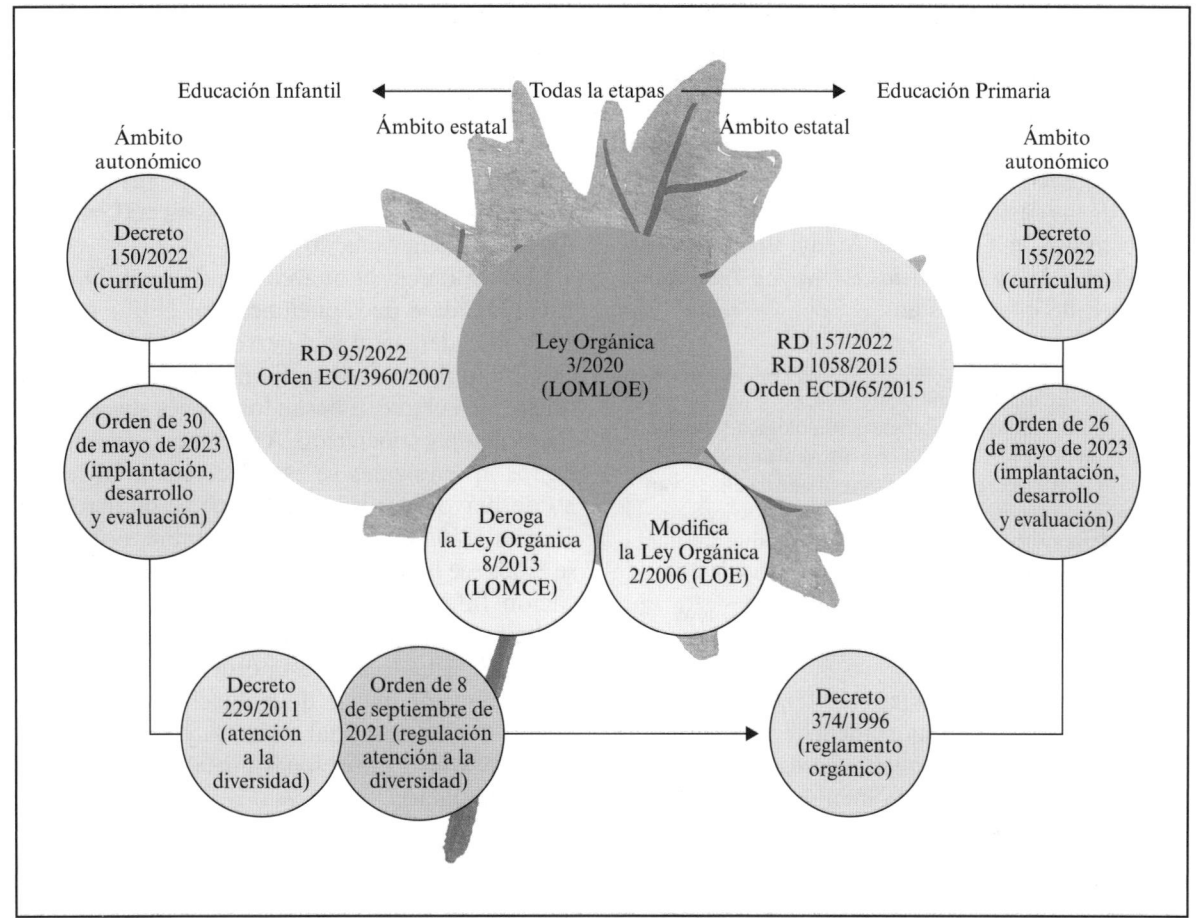

Figura 1.6.—Esquema de las principales leyes que abordan el diagnóstico en el contexto escolar.

configuración de un plan que permita extenderla del primer ciclo de la Educación Infantil, de forma que se dé prioridad de acceso al alumnado en situación de riesgo de pobreza, exclusión social y de baja tasa de escolarización. También se refiere, en su disposición adicional quinta, a la mejora de la accesibilidad y asequibilidad en coherencia con los principios de inclusión y prevención y reducción del abandono temprano de la escolaridad, entre otros aspectos.

El RD 157/2022 es el encargado de establecer las enseñanzas mínimas, que se concretan en: *a)*

contribuir al desarrollo físico, afectivo, social e intelectual de la infancia, y *b)* atender progresivamente a su desarrollo afectivo, al movimiento y los hábitos y control corporal, a las manifestaciones de comunicación y lenguaje, así como de convivencia, descubrimiento de las características físicas y sociales y a la elaboración de una autoimagen positiva y equilibrada.

La forma de comprobar la adquisición de estas enseñanzas es a través de una *evaluación global, continua y formativa,* desarrollada fundamentalmente a través de observación directa y sistemática, y cuya finalidad es «identificar las condiciones iniciales individuales y el ritmo y características de la evolución de cada niño o niña» siguiendo criterios de evaluación establecidos para cada ciclo en cada área (RD 95/2022, art. 12.2). Esta evaluación hace referencia a una comprobación de la adquisición de las destrezas básicas de la infancia, pues, como indica el Grupo de Atención Temprana (2019) en el *Libro Blanco de la Atención Temprana,* el desarrollo infantil es un:

«proceso dinámico, sumamente complejo, que se sustenta en la evolución biológica, psicológica y social. Los primeros años de vida constituyen una etapa de la existencia especialmente crítica ya que en ella se van a configurar las habilidades perceptivas, motrices, cognitivas, lingüísticas y sociales que posibilitarán una equilibrada interacción con el mundo circundante.»

(Grupo de Atención Temprana, 2019, p. 7)

Ya lo decía García Nieto (1995) cuando hacía un llamamiento a la importancia de la Educación Infantil como una «respuesta necesaria y fundamental para el decisivo momento psicoevolutivo por el que inevitablemente pasa la vida humana» (p. 75) y donde toma especial relevancia el diagnóstico como herramienta para la prevención, detección temprana, compensación educativa, estimulación temprana y/o tratamiento pedagógico.

El diagnóstico, como una forma particular de evaluación que atiende a diferentes realidades que involucran al proceso de enseñanza-aprendizaje del estudiante (García Nieto, 2007; Mangal y Mangal, 2018), es el marco sobre el que se debe configurar la *atención a las diferencias individuales* recogida en el artículo 13 del RD 95/2022 y en el artículo 9 de la Orden ECI/3960/2007. La premisa básica es que: «La atención individualizada constituirá la pauta ordinaria de la acción educativa del profesorado y demás profesionales de la educación» (art. 13.1). Además, se señala que: «en esta etapa es especialmente relevante la detección precoz de la necesidad

de apoyo educativo, con el fin de comenzar la atención individualizada lo más tempranamente posible». El modo en que se dote, al alumnado que lo requiere, de una atención individualizada dependerá, en cierta medida, de la Comunidad Autónoma, pues son las Administraciones autonómicas las que disponen de dicha competencia (Grupo de Atención Temprana, 2019).

En Galicia, el marco legal es el Decreto 150/2022, de 8 de septiembre, por el que se establece la ordenación y el currículum de la Educación Infantil, en el que se fija el nivel del currículum oficial y en el que se basan los niveles sucesivos de elaboración y concreción. Asimismo, la evaluación de los aprendizajes se establece en la Orden de 30 de mayo de 2023 por la que se desarrolla el Decreto 150/2022, de 8 de septiembre, por el que se establece la ordenación y el currículo de la Educación Infantil en la Comunidad Autónoma de Galicia y se regula la evaluación en esa etapa educativa. Se establece en esta orden la presencia de una evaluación inicial, de evaluaciones parciales y de una evaluación final de curso y de etapa. Con respecto a las evaluaciones iniciales, estas tienen como finalidad:

«analizar los datos y la información obtenida durante las primeras sesiones lectivas del curso académico, así como otra información relevante de la que se disponga, con la finalidad de adecuar las enseñanzas de cada área al alumnado y facilitar la progresión satisfactoria de su proceso de aprendizaje. En esta sesión se adoptarán, de forma coordinada, aquellas medidas de apoyo y refuerzo que se consideren oportunas para cada alumna o alumno, así como las relativas al ajuste del desarrollo del currículo (art. 20).»

Se establece que esta evaluación inicial se lleve a cabo de acuerdo con lo establecido en el artículo 12 de la Orden de 8 de septiembre de 2021 por la que se desarrolla el Decreto 229/2011, de 7 de diciembre, por el que se regula la atención a la diversidad del alumnado de los centros docentes de la Comunidad Autónoma de Galicia en los que se imparten las enseñanzas establecidas en la Ley Orgánica 2/2006, de 3 de mayo, de educación. Dicha orden desarrolla el Decreto 229/2011, de 7 de diciembre, el cual se configura como marco regulador común para la Educación Infantil y Primaria en materia de atención a la diversidad. En este manual se mencionará este decreto en el apartado de diagnóstico en Educación Primaria en Galicia.

La evaluación de diagnóstico en Educación Primaria en España

La LOE introduce la obligatoriedad de realizar *evaluaciones diagnósticas* a todos los estudiantes al finalizar el 2.º ciclo de la Educación Primaria (arts. 20, 21 y 144). Dicha evaluación sirve como diagnóstico y para que las Administraciones educativas conozcan en qué medida el alumnado está adquiriendo las competencias básicas del currículum. La introducción del *diagnóstico* en la evaluación de los aprendizajes amplía su objeto de estudio al análisis, distinción y comprensión de lo que es capaz o no de hacer el estudiante. Complementa al concepto de *evaluación continua* en tanto que supone: *a*) añadir las evaluaciones tradicionales basadas en observaciones, controles... el uso de pruebas estandarizadas; *b*) ampliar el aspecto evaluador, desde aprendizajes específicos, a una visión global del grado de desarrollo de las competencias por parte del alumnado; *c*) complementar la situación ordinaria de aula con una aplicación en situaciones controladas, y *d*) incorporar rigor estadístico a la evaluación de los estudiantes (Pérez-Nievas, 2006).

La LOMCE modificó la organización de la etapa, que pasó a constar de seis cursos independientes (desaparecen los ciclos), y el concepto de *evaluación de diagnóstico* por el de *evaluación individualizada,* aunque mantuvo su esencia como pruebas de «carácter formativo y de diagnóstico» (Preámbulo VIII). Esta normativa no modificó en lo sustancial la LOE en sus artículos 20, 21 y 144 (apartados 2 y 3) sobre *evaluación durante y al*

final de la etapa. El concepto de *evaluación de diagnóstico* se retoma en la LOMLOE, junto con otros aspectos organizativos de relevancia en esta etapa.

En la LOMLOE se recupera la organización por ciclos, en coherencia con lo especificado en la LOE, quedando compuesta por «tres ciclos de dos años académicos cada uno y se organiza en áreas, que tendrán un carácter global e integrador» (art. 18.1) y en su conjunto «la orientación y la acción tutorial acompañarán el proceso educativo individual y colectivo del alumnado» (art. 18.6).

En lo referido a la «evaluación durante la etapa» (art. 20), se retoman los informes de final de ciclo emitidos por el tutor —que durante la LOMCE se realizaban al finalizar el 3.er curso—. Dicho informe contiene información sobre el grado de adquisición de las competencias y, en su caso, las medidas de refuerzo a adoptar en el siguiente ciclo o etapa. La aplicación de estas medidas suficientes, adecuadas y personalizadas no exime de la posibilidad de que el o la estudiante pueda «permanecer un año más en el mismo curso» (art. 20.3). También se mencionan, en este artículo, los principios para la *atención a las diferencias individuales,* que deberá basarse en:

> «la atención individualizada a los alumnos, en la realización de diagnósticos precoces y en el establecimiento de mecanismos de apoyo y refuerzo para evitar la repetición escolar, particularmente en entornos socialmente desfavorecidos. En dichos entornos las Administraciones procederán a un ajuste de las ratios alumno/unidad como elemento favorecedor de estas estrategias pedagógicas (art. 20 bis).»

La *evaluación de diagnóstico* se recoge en el artículo 21 de la LOMLOE, indicándose la responsabilidad de los centros educativos de su realización en 4.º curso —en la LOMCE se realizaba una evaluación individualizada en el 3.er curso— y que tendrá una finalidad diagnóstica (art. 144.1). Sus resultados se pondrán en conocimiento de la comunidad educativa por parte de las Administraciones, quienes gestionarán además los planes de actuación derivados de ellas (art. 144.3), y tendrán en cuenta «al alumnado con necesidades educativas especiales derivadas de discapacidad, incluyendo, en las condiciones de realización de dichas evaluaciones, las adaptaciones y recursos que hubiera tenido» (art. 144.4). Dichos artículos son refrendados por el RD 157/2022, en el que se establece el currículo básico de la Educación Primaria (art. 14.2 y 6) y por el RD 1058/2015, que regula las características generales de dichas pruebas, indicando como objetivos básicos (p. 112518):

— Diagnosticar de forma temprana dificultades de aprendizaje.
— Orientar e informar a alumnado, familias, equipos docentes, centros y Administraciones educativas sobre el progreso del proceso de enseñanza-aprendizaje, la adecuación de la programación educativa y de la metodología didáctica a los objetivos de la etapa y competencias que debe adquirir el alumnado, y las necesidades y aspectos donde se precisa intervención, mejora o adaptación curricular para garantizar la evolución del alumnado en el sistema educativo.
— Facilitar la transición entre las etapas educativas Educación Primaria y Educación Secundaria Obligatoria.

Estas evaluaciones *de diagnóstico* (LOE, LOMLOE) o *individualizadas* (LOMCE), que *a priori* se configuran para «la mejora del aprendizaje del alumno o alumna, de las medidas de gestión de los centros y de las políticas de las Administraciones» y que ofrecen «una valiosa información de cara a futuras decisiones» (Preámbulo VIII), parecen haberse convertido más bien en un instrumento para la clasificación del alumnado y la jerarquización de los centros. Aun así, la LOMLOE ratifica lo indicado en la LOE (art. 144.3), al expresar que estos resultados «en ningún caso (...)

podrán ser utilizados para el establecimiento de clasificaciones de los centros» (art. 144.3).

De forma complementaria, la normativa establece la realización de una evaluación basada en el contexto, de la que se extraerá información relativa a las condiciones socioeconómicas y culturales de los centros, útil para contextualizar los resultados obtenidos en las pruebas (RD 1058/2015, art. 7.5). La concreción de esta prueba se define en la Resolución de 30 de marzo de 2016, de la Secretaría de Estado de Educación, Formación Profesional y Universidades, por la que se determinan los cuestionarios de contexto y los indicadores comunes de centro para la evaluación final de Educación Primaria. Se establece la realización de tres cuestionarios dirigidos a:

— *Alumnado,* con ítems relativos a la asistencia a clase, uso de TIC en las tareas escolares, tiempo empleado en los deberes, opiniones acerca de la metodología de enseñanza y satisfacción con la escuela, con sus compañeros o compañeras y con sus docentes.
— *Familias o tutores legales,* con ítems referidos al uso y presencia de recursos de información en papel y/o digitales en el hogar, satisfacción con la escuela, dedicación de los hijos o hijas a las tareas escolares, relaciones familia-hijo o hija, y nivel de estudios y situación laboral del miembro de la familia que lo cumplimenta.
— *Dirección del centro,* con ítems relativos a la eficacia de la gestión del profesional en el centro, percepción sobre el clima escolar, inconvenientes/desventajas del centro y posibles problemáticas relativas al alumnado y al profesorado.

Normativa relativa al diagnóstico en Educación Primaria a nivel autonómico

En el territorio gallego, el Decreto 155/2022, de 15 de septiembre, por el que se establece el currículo de la Educación Primaria en la Comunidad Autónoma de Galicia define la configuración de los aspectos del currículum, en consonancia con lo establecido por la legislación educativa estatal actual. En su tercer capítulo sobre «procesos de aprendizaje» alude a los siguientes principios pedagógicos (art. 16):

> «(...) se pondrá especial énfasis en garantizar la inclusión educativa, la atención personalizada al alumnado y a sus necesidades de aprendizaje, la participación y la convivencia, la prevención de dificultades de aprendizaje y la puesta en práctica de mecanismos de refuerzo y flexibilización, alternativas metodológicas u otras medidas adecuadas tan pronto como se detecte cualquiera de estas situaciones (art. 16.1).
> La intervención educativa buscará desarrollar y asentar progresivamente las bases que faciliten al alumnado una adecuada adquisición de las competencias clave previstas en el perfil de salida, teniendo siempre en cuenta su proceso madurativo individual, así como los niveles de desempeño esperados para esta etapa (art. 16.2).»

El artículo 16 prioriza el desarrollo de metodologías activas, comunicativas, inclusivas y participativas, atendiendo a ritmos y estilos de aprendizaje, autonomía y capacidad de trabajar colaborativamente y en equipo (15.3). Ante dificultades de aprendizaje, se proponen mecanismos de refuerzo organizativo y/o curricular (apoyo dentro del grupo ordinario, agrupamientos flexibles o adaptaciones curriculares) (20.1). Este puede ser el caso de los estudiantes que presentan NEAE (art. 16.1), definidas de forma precisa en la LOE en su Capítulo I (arts. 71-79 bis). La detección y valoración del estudiante y, si procede, la intervención educativa debe hacerse lo antes posible facilitando desde los centros las medidas necesarias para lograrlo (art. 20.2). En su artículo 23 se refiere a la «evaluación de diagnóstico», donde, de acuerdo con la LOE (2006, art. 144.1), se indica que:

> «todos los centros docentes realizarán una evaluación de diagnóstico de las competencias clave adquiridas por su alumnado, según disponga la consellería con competencias en materia de educación. Esta evaluación tendrá carácter informativo, formativo y orientativo para los centros docentes, el profesorado, el alumnado y sus familias o personas tutoras legales, y para el conjunto de la comunidad educativa.»

El Decreto 229/2011, de 7 de diciembre, que regula la atención a la diversidad en Galicia, la define como «(...) el conjunto de medidas y acciones diseñadas con la finalidad de adecuar la respuesta educativa a las diferentes características, potencialidades, ritmos y estilos de aprendizaje, motivaciones e intereses y situaciones sociales y culturales de todo el alumnado» (art. 3). Es una norma de común aplicación en todo el territorio e implica a la comunidad educativa, y cuyo fin es dar respuesta a la necesidad de articular la atención educativa a la diversidad del alumnado en los centros gallegos. Este es desarrollado a través de la Orden de 8 de septiembre de 2021, en la que se desglosan los principios de actuación generales atribuidos a los equipos directivos, al profesorado-tutor, al profesorado de área, materia, ámbito o módulo, y a los servicios de orientación educativa y profesional (véase figura 1.7).

En lo que respecta a los procedimientos de detección y valoración, el Decreto 229/2011 dispone que «las acciones preventivas y la detección temprana (...) en todos los centros docentes, con la implicación y participación de toda la comunidad educativa y, en su caso, de otras Administraciones o entidades sin ánimo de lucro» (art. 4.4). Asimismo, se dedica un capítulo completo (Capítulo V) al alumnado con NEAE, del que se extrae información relativa a la prioridad otorgada a la identificación temprana de las necesidades educativas de los estudiantes, de forma que permita ofrecer una valoración y respuesta adecuada a las mismas (art. 33.1), pudiendo configurarse como:

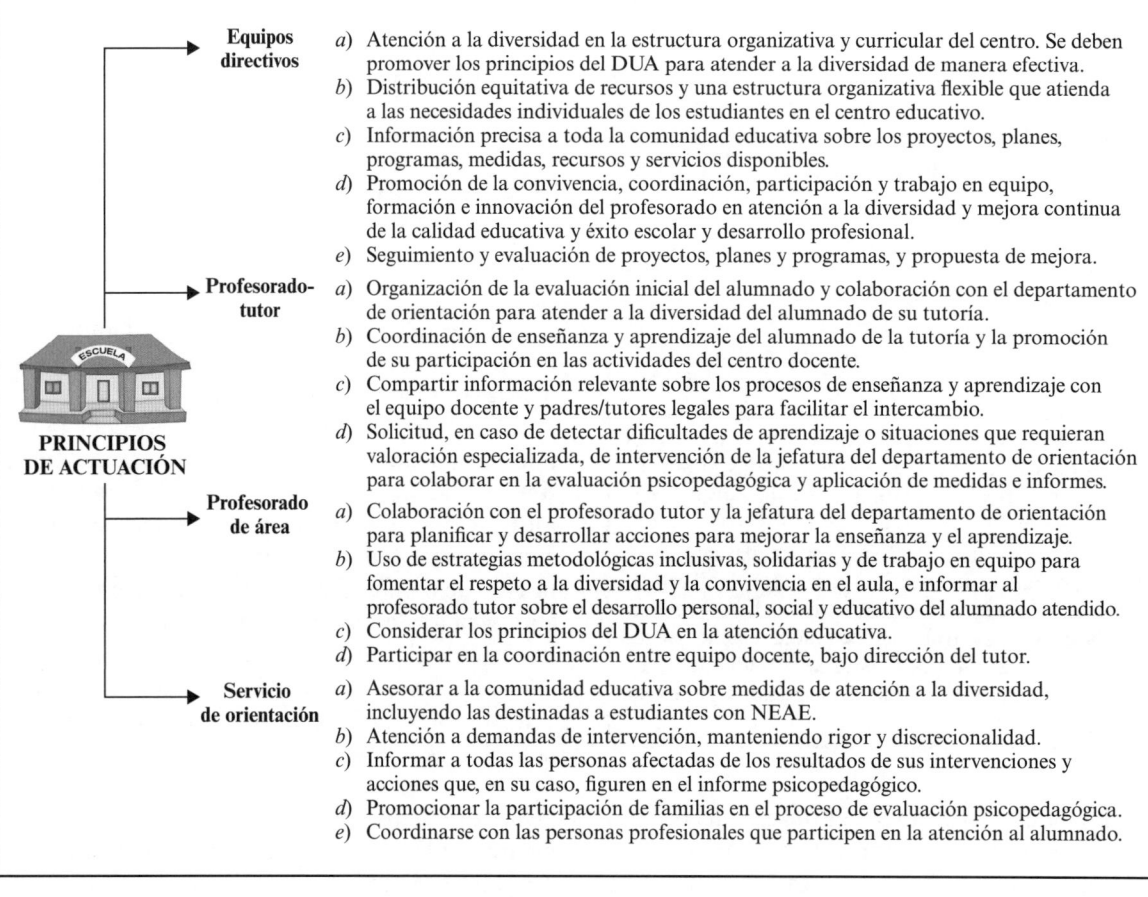

PRINCIPIOS DE ACTUACIÓN

Equipos directivos

a) Atención a la diversidad en la estructura organizativa y curricular del centro. Se deben promover los principios del DUA para atender a la diversidad de manera efectiva.
b) Distribución equitativa de recursos y una estructura organizativa flexible que atienda a las necesidades individuales de los estudiantes en el centro educativo.
c) Información precisa a toda la comunidad educativa sobre los proyectos, planes, programas, medidas, recursos y servicios disponibles.
d) Promoción de la convivencia, coordinación, participación y trabajo en equipo, formación e innovación del profesorado en atención a la diversidad y mejora continua de la calidad educativa y éxito escolar y desarrollo profesional.
e) Seguimiento y evaluación de proyectos, planes y programas, y propuesta de mejora.

Profesorado-tutor

a) Organización de la evaluación inicial del alumnado y colaboración con el departamento de orientación para atender a la diversidad del alumnado de su tutoría.
b) Coordinación de enseñanza y aprendizaje del alumnado de la tutoría y la promoción de su participación en las actividades del centro docente.
c) Compartir información relevante sobre los procesos de enseñanza y aprendizaje con el equipo docente y padres/tutores legales para facilitar el intercambio.
d) Solicitud, en caso de detectar dificultades de aprendizaje o situaciones que requieran valoración especializada, de intervención de la jefatura del departamento de orientación para colaborar en la evaluación psicopedagógica y aplicación de medidas e informes.

Profesorado de área

a) Colaboración con el profesorado tutor y la jefatura del departamento de orientación para planificar y desarrollar acciones para mejorar la enseñanza y el aprendizaje.
b) Uso de estrategias metodológicas inclusivas, solidarias y de trabajo en equipo para fomentar el respeto a la diversidad y la convivencia en el aula, e informar al profesorado tutor sobre el desarrollo personal, social y educativo del alumnado atendido.
c) Considerar los principios del DUA en la atención educativa.
d) Participar en la coordinación entre equipo docente, bajo dirección del tutor.

Servicio de orientación

a) Asesorar a la comunidad educativa sobre medidas de atención a la diversidad, incluyendo las destinadas a estudiantes con NEAE.
b) Atención a demandas de intervención, manteniendo rigor y discrecionalidad.
c) Informar a todas las personas afectadas de los resultados de sus intervenciones y acciones que, en su caso, figuren en el informe psicopedagógico.
d) Promocionar la participación de familias en el proceso de evaluación psicopedagógica.
e) Coordinarse con las personas profesionales que participen en la atención al alumnado.

Figura 1.7.—Principios de actuación que contribuyen a hacer realidad los principios generales establecidos en el artículo 4 del Decreto 229/2011, de 7 de diciembre.

a) Evaluación inicial: de carácter preventivo y aplicable al conjunto de los estudiantes bajo los principios de atención a la diversidad (art. 33.2).
b) Evaluación final: que recoja los resultados alcanzados en función de los objetivos preestablecidos tras la evaluación inicial (art. 33.3).

La Orden de 8 de septiembre de 2021 especifica en su Capítulo II «Alumnado con necesidad específica de apoyo educativo» la conceptualiza-ción de las necesidades específicas y el alumnado al que aplica (arts. 6 a 10), los principios que deben guiar las actuaciones, destacándose la prevención como principio (arts. 11 a 12), la evaluación psicopedagógica (arts. 13 a 19) y el concepto, características y las especificaciones relativas a la elaboración del informe psicopedagógico (arts. 20 a 24). La competencia y responsabilidad en la evaluación del alumnado es de la «jefatura del departamento de orientación del centro docente, con la colaboración y el asesoramiento, de ser necesario, del equipo de orientación específico correspondiente» (art. 14), siendo la responsabilidad del profesorado-tutor, con carácter general, la solicitud de evaluación psicopedagógica (art. 16). En la figura 1.8 se representa gráficamente el procedimiento para la solicitud de un informe psicopedagógico, así como el rol de los diferentes agentes implicados.

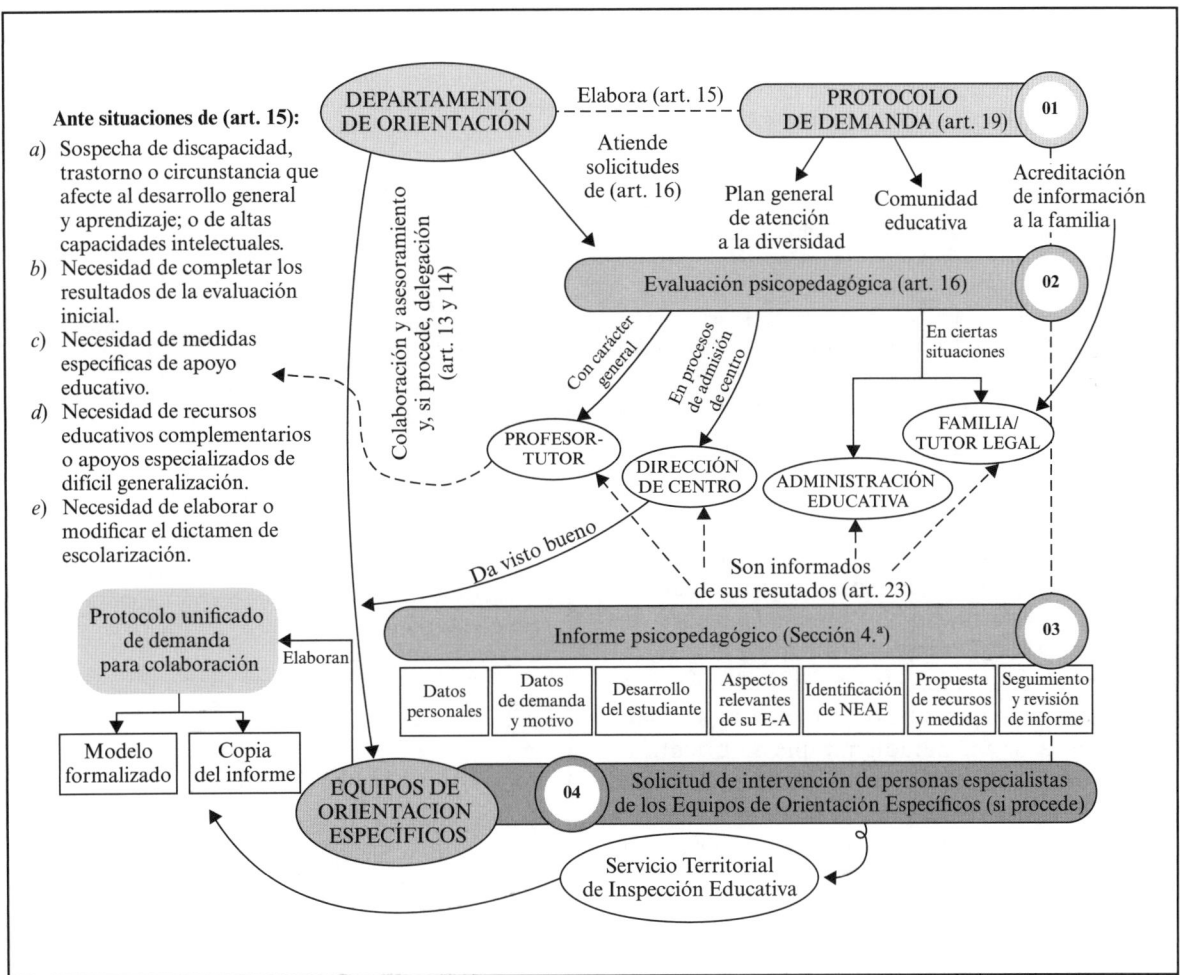

Figura 1.8.—Evaluación psicopedagógica según lo establecido en las Secciones 3.ª y 4.ª de la Orden de 8 de septiembre de 2021.

Cabe finalizar retomando lo expuesto en la **LOMLOE** (2020), y más concretamente en su disposición adicional cuarta, en la que se recoge la *evolución de la escolarización del alumnado con necesidades educativas especiales,* estableciendo un plazo de 10 años para garantizar que los centros de educación ordinaria disponen de los recursos necesarios y suficientes para atenderle.

«Las Administraciones educativas velarán para que las decisiones de escolarización garanticen la respuesta más adecuada a las necesidades específicas de cada alumno o alumna, de acuerdo con el procedimiento que se recoge en el artículo 74 de esta Ley.

El Gobierno, en colaboración con las Administraciones educativas, desarrollará un plan para que, en el plazo de diez años, de acuerdo con el artículo 24.2.*e*) de la Convención sobre los Derechos de las Personas con Discapacidad de Naciones Unidas y en cumplimiento del Cuarto Objetivo de Desarrollo Sostenible de la Agenda 2030, los centros ordinarios cuenten con los recursos necesarios para poder atender en las mejores condiciones al alumnado con discapacidad. Las Administraciones educativas continuarán prestando el apoyo necesario a los centros de educación especial para que estos, además de escolarizar a los alumnos y alumnas que requieran una atención muy especializada, desempeñen la función de centros de referencia y apoyo para los centros ordinarios.»

Parece, pues, un paso adelante hacia la educación y la formación inclusiva del conjunto de la población escolar, que tiene como referente la Convención Internacional sobre los Derechos de las Personas con Discapacidad y que plantea un posible avance hacia un concepto de inclusión más coherente con los postulados teóricos que señalan que se trata de un paradigma que se orienta a incrementar la presencia, participación y éxito del conjunto de los estudiantes, y deje de depender «del criterio de un individuo para decidir quién recibe una educación segregada o en un aula ordinaria» (Fiuza Asorey et al., 2021, p. 526) y que, según el Objetivo de Desarrollo Sostenible 4, adquiere especial relevancia «para aquellos colectivos más afectados por los procesos de exclusión educativa debido a variables como la discapacidad, el género, la migración, la identidad y orientación sexual o la capacidad económica, entre otras» (Unesco, 2020, citado en Sánchez-Serrano et al., 2021, p. 326).

Confusiones en torno a los planteamientos de la LOMLOE

A nivel general, y como principio orientador de la enseñanza básica, en el artículo 4 de la LOMLOE se establece que:

*Sin perjuicio de que a lo largo de la enseñanza básica se garantice una educación común para todo el alumnado, se adoptará la educación inclusiva como principio fundamental, con el fin de **atender a la diversidad de las necesidades de todo el alumnado,** tanto del que tiene **especiales dificultades de aprendizaje** como del que tiene **mayor capacidad y motivación** para aprender.*

*__Cuando tal diversidad lo requiera,__ se adoptarán las medidas organizativas, metodológicas y curriculares pertinentes, según lo dispuesto en la presente ley, conforme a los principios del **diseño universal de aprendizaje,** garantizando en todo caso los derechos de la infancia y facilitando el acceso a los apoyos que el alumnado requiera (art. 4.3).*

Asimismo, con relación a la Educación Primaria, el Preámbulo de la LOMLOE recoge que:

*En esta etapa se pondrá especial énfasis en garantizar la inclusión educativa, en la atención personalizada, en la prevención de las dificultades de aprendizaje y en la puesta en práctica de mecanismos de refuerzo **tan pronto como se detecten estas dificultades.***

PARA REFLEXIONAR

En el texto presentado en la parte superior se han marcado en negrita algunas palabras clave sobre las que deberíamos poner atención para reflexionar sobre ellas:

— Si leemos el artículo 4 arriba presentado, ¿qué podemos entender por atención a la diversidad?, ¿a qué o quién hace referencia?, ¿qué es el DUA?
— Con relación al Preámbulo referido a la LOMLOE, ¿qué relevancia tiene el final de la frase «tan pronto como se detecten dificultades» sobre el tipo de medidas que se usarán en la atención al alumnado?

En definitiva, la legislación educativa actual se formula atendiendo al principio básico de atención a la diversidad, que establece la necesidad de ofrecer medidas y recursos que den respuesta a las necesidades de cada estudiante y al cumplimiento de los objetivos previstos para cada etapa. La Educación Infantil es prioritaria y especialmente crítica para el desarrollo de habilidades perceptivas, motrices, cognitivas, lingüísticas y sociales, que tendrán continuidad en Educación Primaria. Por ello, la normativa pone énfasis en la detección y valoración temprana de las necesidades educativas. Este proceso implica la participación del conjunto de la comunidad educativa, a fin de articular acciones que den atención individualizada y personalizada a cada estudiante. El **profesorado-tutor** es un agente clave en la detección inicial de las dificultades de aprendizaje del alumnado, en la evaluación de los condicionantes de su situación, en la elaboración, modificación y ajuste de sus estrategias didácticas a las necesidades del alumno y, si procede, en la derivación al Departamento de Orientación y la colaboración con este en el proceso de diagnóstico. Igualmente lo son en el avance hacia la educación inclusiva (Fiuza Asorey et al., 2021; Sánchez Serrano et al., 2021).

El Decreto 274/1996[3], de 17 de octubre, por el que se aprueba el Reglamento orgánico de las escuelas de Educación Infantil y de los colegios de Educación Primaria, dedica su Capítulo V a la tutoría, especificando un conjunto de 23 funciones del tutor (art. 81), de las cuales destacamos en la figura 1.9 aquellas con una relación más directa con la detección de necesidades y diagnóstico en educación. Estas funciones son comunes al profesorado de Infantil y Primaria, aunque con diferente grado de aplicación.

---

[3] Actualmente, están en fase de aprobación los proyectos de decreto para la ordenación del currículo en Educación Infantil (https://www.edu.xunta.gal/portal/sites/web/files/antprox_decreto_curriculo_educacion_infantil.pdf) y Primaria (https://www.edu.xunta.gal/portal/sites/web/files/antprox_decreto_curriculo_primaria.pdf) de la Comunidad Autónoma de Galicia.

Participar en el desarrollo del plan de acción tutorial y en las actividades de orientación, bajo la coordinación del jefe de estudios.

Informar, al inicio del curso, al alumnado y familias sobre el calendario, horarios, tutoría, actividades extraescolares, programas y criterios de evaluación, o indicar dónde encontrar esta información.

Conocer las características personales de cada alumno a través del análisis del expediente personal del mismo y de otros instrumentos válidos para conseguir ese conocimiento.

Conocer los aspectos de la situación familiar y escolar que afectan al rendimiento académico del alumno/a.

Hacer seguimiento global del proceso de enseñanza-aprendizaje del alumnado, detectar dificultades y necesidades, buscar respuestas educativas adecuadas y solicitar asesoramiento y apoyo.

Coordinar las adaptaciones curriculares necesarias para el alumnado del grupo.

Facilitar la integración del alumnado en el grupo y fomentar su participación en las actividades del centro.

Orientar a los alumnos de una manera directa e inmediata en su proceso formativo.

Informar al equipo de profesores del grupo de alumnos de las características de los mismos, especialmente en aquellos casos que presenten problemas específicos.

Coordinar el ajuste de metodologías y principios de evaluación programados para el grupo de alumnos.

En caso necesario, organizar y presidir las sesiones de evaluación.

Coordinar el proceso de evaluación de los alumnos de su grupo y adoptar la decisión que proceda referente a la promoción de los alumnos de un ciclo a otro, previa audiencia de sus padres o tutores legales.

Atender, junto con el resto del profesorado, a los alumnos y alumnas mientras estos permanecen en el centro en los períodos de ocio.

Colaborar con el equipo de orientación educativa y profesional del sector en los términos que establezca el mismo y la jefatura de estudios.

Colaborar con los demás tutores en el marco de los proyectos educativo y curricular del centro.

Orientar las demandas e inquietudes del alumnado y mediar ante el resto de profesores, alumnado y equipo directivo en los problemas que se presenten.

Informar al alumnado, familias y profesorado de todo lo que les afecte sobre actividades docentes y rendimiento académico, sobre todo en aspectos y medidas tendentes a facilitar la competencia lingüística.

Facilitar la cooperación educativa entre los profesores y los padres de los alumnos.

Ejercer, de acuerdo con el proyecto curricular, la coordinación entre los demás profesores del grupo.

Cumplimentar los documentos oficiales relativos a su grupo de alumnos.

Controlar la falta de asistencia o puntualidad del alumnado, e informar a familias o tutores y jefe de estudios.

Fomentar la colaboración de familias en las actividades de apoyo al aprendizaje y orientación de sus hijos.

Aquellas otras que se le pueden encomendar para el mejor desarrollo de la acción tutorial.

Figura 1.9.—Tareas del maestro o maestra en Educación Infantil y Primaria, y específicas del profesor-tutor.

LECTURAS: PARA SABER MÁS

Artículos científicos para completar la formación...

Dreyer, L. (2015). Inclusive education. En I. Ramrathan, L. L. Grange y P. Higgs (eds.), *Education studies for initial teacher development* (pp. 383-399). Juta y Company.

Este capítulo aborda el concepto de inclusión educativa a partir de cuatro apartados principales: las raíces históricas del término, la evolución de sus fundamentos teóricos y filosóficos, la relación entre la retórica y los cambios de paradigma, y la planificación de una educación verdaderamente inclusiva, tanto en el espacio escolar como el contexto de la clase.

Shilova, E. A., Zakrepina, A. V. y Strebeleva, A. (2019). Study of the pedagogical context of the diagnostic competence of special education teachers/rehabilitators. *Integration of Education, 23*(3), 458-474. http://doi.org/10.15507/1991-9468.096.023.201903.458-474

El artículo aborda la formación en diagnóstico de profesores/rehabilitadores de educación especial, evidenciando la necesidad de actualizar el programa de competencia diagnóstica de profesionales, lo que desde un punto de vista práctico sería útil para mejorar el programa educativo de la universidad y la calidad de los procedimientos de diagnóstico.

EJERCICIOS DE AUTOEVALUACIÓN

Completa las siguientes afirmaciones sobre contenidos teóricos o supuestos prácticos relacionados con el capítulo 1:

a) Originalmente, el diagnóstico se vinculó al campo científico de la _____ y luego se trasladó a la _____ hasta introducirse dentro de las ciencias de la _____.

b) El modelo de diagnóstico en el cual el desarrollo intelectual es progresivo y se va construyendo en sucesivos estadios (sensoriomotor/preoperatorio/operatorio/lógico-formal) es el _____.

c) En el primer trimestre María suspendió matemáticas. Analizando la forma en que había estudiado y los resultados obtenidos, decidió modificar su método de estudio aplicando algunos cambios. María ha aprobado la materia en septiembre. Se puede decir que basó su estrategia de modificación en los fundamentos del modelo _____.

d) En el aula de 3.º de Educación Primaria de un CEIP se encuentra Raúl, un niño que presenta problemas de comportamiento en el aula que interfieren en el desarrollo normal de las clases. La orientadora del centro, a petición del profesor-tutor, realiza una evaluación psicopedagógica y le sugiere que registre los momentos en los que se produce cada conducta, con el objetivo de poder establecer una relación con los elementos influyentes del ambiente. Entonces podrán determinar cuál es la intervención óptima para la modificación de la conducta de ese alumno en específico. El modelo sobre el que basa su recomendación la orientadora es el modelo _____.

e) Antes Sofía nunca respetaba el turno de palabra. Ahora, cada vez que Sofía levanta la mano para pedir el turno de palabra, su profesor le da una pegatina. El modelo que ha tomado el profesor-tutor como referente para llevar a cabo su estrategia es el modelo _____ y lo que consigue con ello se denomina _____.

INDICA SI SON VERDADERAS O FALSAS LAS SIGUIENTES AFIRMACIONES

Pregunta	V	F
1. Una de las formas de diferenciar los conceptos de «diagnóstico» y «evaluación» es atender a las competencias de las que debe disponer el profesional para acometer estas acciones, donde la primera queda en manos de profesionales especialistas, mientras que la segunda puede ser realizada por el profesorado-tutor.	☐	☐
2. El término diagnóstico y el término evaluación se pueden emplear indistintamente.	☐	☐
3. Las bases del diagnóstico pedagógico actual son: el enfoque ambientalista, el enfoque interaccionista y el enfoque racionalista.	☐	☐
4. El modelo psicométrico tiene como finalidad caracterizar el nivel de funcionamiento cognitivo para determinar cualitativamente sus formas de razonamiento.	☐	☐
5. El modelo psicométrico tiene su base en el constructivismo y su figura más representativa es Piaget.	☐	☐
6. El modelo operatorio da importancia a conocer el desarrollo cognitivo del alumnado para orientar la intervención educativa.	☐	☐
7. El modelo de diagnóstico que se encarga de estudiar el comportamiento humano observable, considerado de forma individual para determinar las características del individuo, con independencia de su etiología, es el modelo conductual.	☐	☐
8. El modelo que se centra en cómo el sujeto procesa la información es el modelo evolutivo.	☐	☐
9. Entre las funciones del docente están: observar para elaborar una evaluación individual y valorar, es decir, emitir un juicio diagnóstico.	☐	☐
10. El profesor-tutor, dentro del proceso de diagnóstico pedagógico, se encarga de observar al sujeto para evaluar dificultades y derivar casos al equipo profesional que corresponda.	☐	☐
11. El fin último del diagnóstico pedagógico será planificar intervenciones que permitan mejorar esas acciones, comportamientos, conductas del niño/a, su personalidad y contribuir también a la madurez del sujeto.	☐	☐
12. El diagnóstico y evaluación comparten el hecho de ser procesos de análisis de la realidad educativa, buscando conocer cómo se articulan las intervenciones que se realizan en un centro educativo para mejorarlas.	☐	☐

13. Los profesionales implicados en la evaluación son profesionales con conocimientos técnicos.

14. La legislación educativa actual atiende al principio de atención a la diversidad, que establece la dotación de medidas y recursos que respondan a las necesidades concretas de cada estudiante y al cumplimiento de los objetivos propios de cada etapa educativa.

15. La ley educativa a partir de la cual se modifica el concepto de evaluación diagnóstica por el de evaluación individualizada es la LOMLOE.

El proceso de diagnóstico pedagógico 2

INTRODUCCIÓN

El diagnóstico pedagógico debe contribuir a ampliar el conocimiento sobre el sujeto en edad escolar, pero desde su punto de vista, necesidades y demandas (Tobin y House, 2020). Existe una amplia variedad de situaciones educativas para las que es aplicable el diagnóstico pedagógico y para las que, sin lugar a duda, el fin último será la formulación de orientaciones que se acompañarán, si procede, de una intervención educativa.

Por tanto, los primeros interrogantes que resolver al adentrarnos en el proceso de diagnóstico se refieren a la problemática o elementos clave implicados: sujetos diagnósticos, personas responsables de llevarlo a cabo, contexto en que se produce. Metafóricamente, estaríamos tratando de inspeccionar el terreno antes de subir la montaña (¿cómo es esa montaña?, ¿qué características tiene?, ¿con qué personas cuento para poder subirla?, ¿de qué recursos disponen a nivel formativo, experiencial...?, ¿cuáles son las peculiaridades del terreno?, ¿qué facilidades y dificultades me encontraré?); se trata de responder a cuáles son los elementos del camino que debo tener en cuenta para comenzar a andarlo y llegar a lo alto de la montaña (véase figura 2.1).

Una vez resueltos estos interrogantes, cabe plantearse: ¿subiré únicamente una montaña o

Fuente: elaboración propia.

Figura 2.1.—Metáfora de la inspección de la montaña para explicar el proceso diagnóstico.

me interesa inspeccionar el conjunto de montañas buscando una solución que me permita posteriormente subirlas todas (niveles de actuación y dimensiones)?, ¿y con qué fin lo hago?, ¿qué es lo que pretendo conseguir realizando esa inspección previa del terreno?, ¿cuál es la finalidad última?

1. INSPECCIÓN DEL TERRENO: PROBLEMÁTICA Y ELEMENTOS DEL DIAGNÓSTICO

1.1. Conociendo la montaña: el sujeto evaluado

Cualquier conducta o situación humana sobre la que se genera una duda o problemática puede ser objeto de diagnóstico; pero en diagnóstico educativo, el foco central del proceso es el **sujeto**[1] en edad escolar, siendo que los resultados que se obtengan sean aplicables, en principio, a él (Cardona et al., 2010; Tobin y House, 2020). En las siguientes líneas se pretenden abordar las características genéricas del alumnado basándose en la teoría del desarrollo de Piaget, y algunas características diferenciales de la infancia que presenta NEAE, sin con ello olvidar que se trata de generalidades, únicamente expresadas como guía para la detección inicial de dificultades, pero nunca como una clasificación cerrada ni definitiva de la diversidad en las aulas:

Características generales de la infancia

La psicología del desarrollo se encarga del estudio del proceso de formación de conductas y representaciones desde el nacimiento hasta la edad adulta. Si bien existen múltiples referentes en este campo de conocimiento (Darwin, Preyer, Baldwin, Vygotski...), uno de los autores clave es **Jean Piaget,** quien, a través de su teoría constructivista sobre el desarrollo cognitivo, ha hecho posible comprender la naturaleza y desarrollo de la inteligencia humana. Piaget conceptualiza el desarrollo en tres grandes estadios, subdivididos a su vez en varios subestadios (Delval, 2019; véase tabla 2.1).

El período **sensoriomotor** antecede a la aparición del lenguaje. El niño aprende la conducta propositiva, el pensamiento orientado a medios y fines y adquiere la noción de permanencia del objeto[2].

Inteligencia sensoriomotriz y la permanencia del objeto

Piaget describió el desarrollo intelectual a partir de la observación de sus hijos. Señaló que el nacimiento de la inteligencia se produce por el «triunfo de la prensión»; es decir, de la coordinación visión-prensión. Describió cinco etapas en este desarrollo inicial:

¿Cómo explicar esta última coordinación? Puede concebirse simplemente como el resultado del esfuerzo de asimilación recíproca del que nos han dado testimonio hasta ahora los esquemas visuales y manuales. Ya durante la segunda etapa, la mirada trata de seguir, es decir, asimilar, todo cuanto hace la mano. En la tercera etapa, la mano intenta, por el contrario, reproducir aquellos de sus movimientos que el ojo mira, es decir, como ya hemos visto, asimilar a los esquemas manuales el aspecto visual. En la etapa cuarta, la asimilación de lo visual a lo manual se extiende hasta la propia prensión cuando la mano aparece en el mismo campo de observación que el objeto que hay que coger: la mano se apodere de lo que el ojo mira, así como el ojo tiende a contemplar lo que coge la mano. Durante la quinta etapa, en fin, la asimilación recíproca es completa: todo lo que se ve puede cogerse y todo lo que se toca puede verse también.

Piaget (1936, citado en Delval et al., 2011, p. 59).

Un ejemplo de la permanencia del objeto se puede observar en el experimento realizado por Renee Baillargeon de la Universidad de Illinois que puedes consultar en la red.

El **pensamiento concreto (1 ½-11** años) es central en el niño en edad escolar, que desarrolla operaciones o acciones interiorizadas (mentales) y

---

[1] El término *sujeto* en diagnóstico pedagógico no solo se refiere al individuo en edad escolar, sino también al conjunto de estudiantes a los que, como grupo, se les aplica el diagnóstico (Dueñas Buey, 2011).

[2] A modo ilustrativo, se puede encontrar en YouTube una colección de *clips* en los que se hacen pequeñas demostraciones de las etapas del desarrollo conceptualizadas por Piaget.

TABLA 2.1

Estadios del desarrollo según Piaget

Estadio	Subestadio	Edad aproximada	Características
Sensoriomotor		0-18 meses	Actividad sensorial y motora. Conceptos prácticos. Objetos permanentes. Descubrimiento de regularidades prácticas.
Pensamiento concreto	Preoperatorio Operaciones concretas	1 año y medio-7 años 7-11 años	Comienzo de la representación (lenguaje). Primeras explicaciones sobre la realidad. Dificultades de descentración (egocentrismo). Predominio de los estados sobre las transformaciones. Conservaciones. Aparición de la lógica de clases y relaciones. Lectura correcta de las observaciones. Los estados se subordinan a las transformaciones.
Pensamiento formal	Formal incipiente Formal avanzado	11-13 años 13-15 años	Formulación de hipótesis. Razonamiento sobre lo posible. Combinatoria sistemática. Métodos de pruebas sistemáticas.

reversibles, integradas en un sistema de conjunto. Aparecen diversos logros como la noción de conservación, lógica de clases y relaciones y operaciones espacio-temporales. Contempla dos subestadios:

— *Período preoperatorio (1 ½-7 años):* «Inteligencia intuitiva». El niño utiliza símbolos y palabras para pensar y representar la realidad, palabras para comunicarse y números para contar objetos, participa en juegos de simulación, expresa ideas sobre el mundo mediante el dibujo y comienza a insertarse en la sociedad, aunque con un pensamiento todavía centrado en sí mismo (egocéntrico) y basado en la intuición.

— *Pensamiento operatorio (7-11 años):* en Educación Primaria el niño comienza a emplear operaciones mentales y la lógica para reflexionar sobre los hechos y objetos, abordando los problemas de un modo más sistemático. Su pensamiento está ligado a fenómenos y objetos del mundo real. Los principales avances son:

Menor rigidez y mayor flexibilidad: entiende que las operaciones se pueden invertir o negar mentalmente; así, puede devolver a su estado original un estímulo.
Menor centración y egocentrismo: puede atender de forma simultánea a varias características del estímulo e inferir la naturaleza de las transformaciones.
Uso de tres tipos de operaciones mentales o esquemas para interpretar el mundo:

— *Conservación:* comprender las relaciones cuantitativas entre objetos invariantes (aquellos que se conservan) aunque haya transformación perceptiva. Piaget estudió esta capacidad a partir de tareas con líquidos, sustancias, cantidades, longitud y volumen (ejemplos en la figura 11). El niño de 7-11 años reflexiona sobre las transformaciones de forma progresiva: conservación de cantidad (6-7 años), de área y peso (8-9 años) y de volumen (10-11 años).

— *Clasificación:* capacidad progresiva para categorizar objetos: 1) clasificación simple o colecciones figura-les (2-5 años), agrupando en función de alguna categoría; 2) clasificación múltiple o colecciones no figurales (5-7 años), disponiendo objetos simultáneamente según sus dimensiones, y 3) inclusión de clases o clasificaciones jerárquicas (8 años), que supone comprender relaciones entre clases y subclases (por ejemplo, perro, gato, caballo... son animales).

— *Seriación:* ordenar los objetos en progresión lógica y requiere haber adquirido los conceptos de número, tiempo y medición. Por ejemplo, un niño preescolar considera que 1 min es igual que 10 o que 100, mientras que un niño de primaria comprende que 10 min son menos que 100 y más que 1.

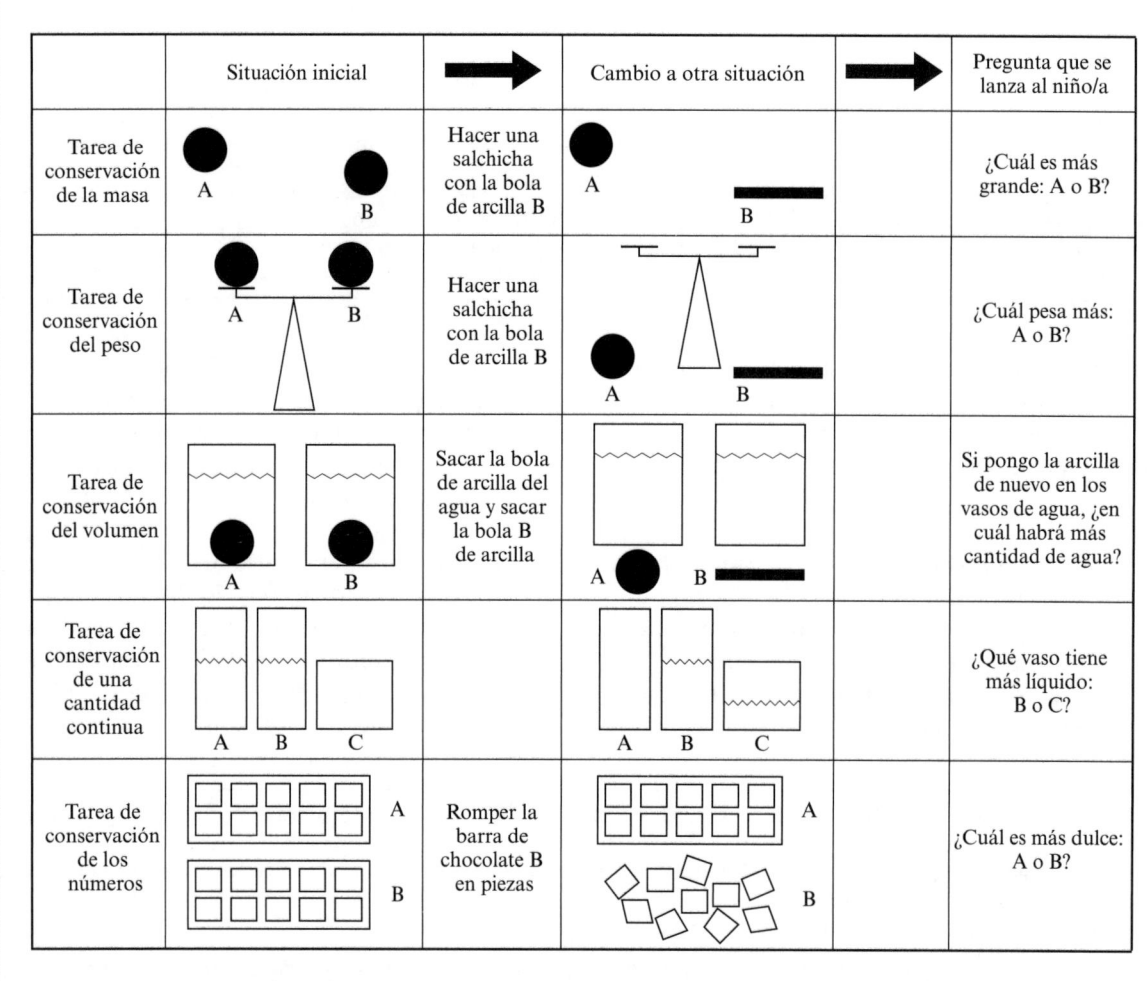

FUENTE: elaboración propia.

Figura 2.2.—Tareas de conservación de Piaget.

La relevancia que tiene para nuestra área de interés, el diagnóstico pedagógico, conocer las tareas presentadas en la figura 1.6 radica en sus posibilidades de uso para llevar a cabo un *diagnóstico operatorio* que permita al niño desplegar sus herramientas intelectuales, dando así a conocer el nivel de construcción de su pensamiento.

Sabiendo que, en cada una de las etapas, se espera que el niño haya adquirido ciertos logros evolutivos, la ausencia de varias habilidades puede ofrecer indicios de la presencia de alguna dificultad en el niño mediante la observación y escucha al niño mientras realiza alguna de las tareas aquí especificadas, u otras desarrolladas por Piaget junto a sus colaboradores (pruebas de clasificación, de seriación, de razonamiento verbal...). Aun así, estas pruebas no están exentas de limitaciones, destacando la idea de estadios del desarrollo estables y fijos, que no atienden a variaciones individuales, sociales y culturales, lo que, además, dificulta la operativización de los procesos de transición entre estadios. Asimismo, se requiere un amplio nivel de formación para la aplicación de estas pruebas con objetivos diagnósticos y pueden existir contenidos de algunas de ellas que presenten problemas como, por ejemplo, la influencia verbal en la resolución de problemas.

Las operaciones intelectuales. Piaget e Inhelder

Muchos de los trabajos que hoy son conocidos bajo la autoría de Piaget, en realidad, fueron fruto del esfuerzo de trabajo compartido entre este y Bärbel Inhelder, en una época en la que la visibilidad de las mujeres en la ciencia era escasa, por no decir inexistente. Ambos publicaron obras tan destacables como *Psicología del niño*, *El desarrollo de las cantidades en el niño*, *Génesis de las estructuras lógicas fundamentales*, *El diagnóstico del razonamiento en los débiles mentales...* y en solitario Inhelder publicó *Aprendizaje y estructuras del conocimiento*.

Centrándonos en *El desarrollo de las cantidades en el niño*, estos autores nos ilustraron sobre cómo se forman las operaciones concretas (por ejemplo, la conservación de la sustancia a través de la bolita de arcilla; de líquidos o cuentas a través del trasvase entre recipientes) (Piaget e Inhelder, 1963, citado en Delval et al., 2011, pp. 116-122).

La bolita de arcilla

Se presenta al niño una bolita de arcilla y se le solicita que confeccione otra del mismo tamaño y de igual peso. Se deja sobre la mesa una de las bolitas como muestra, y se transforma la otra en salchicha, en galleta, en un conjunto de pedazos, etc. Se le pregunta entonces, en primer lugar, si la cantidad de materia es la misma («igual de pasta») en B y en A, y por qué. Tanto en los casos en los que el niño lo afirma como en los que lo niega, se toma como punto de partida la razón en la que fundamenta su respuesta (por ejemplo, en el caso de la salchicha: «Hay más pasta porque es más larga») y luego se modifica, sucesivamente, el objeto, basándose en la respuesta del niño (en este caso, alargando o acortando la salchicha) para observar si continúa con razonamientos análogos o si cambia de opinión. Una vez determinado el nivel del niño respecto a este problema de cantidad (no conservación, conservación no generalizada ni segura, o conservación necesaria) y el tiempo de argumentos utilizados, se pasa a la conservación del peso.

Trasvase de los líquidos o de las cuentas

Se presentan dos vasos cilíndricos de igual tamaño, A1 y A2, y se le pide al niño que ponga tanto líquido en A2 o tantas cuentas (diciéndole que ponga al mismo tiempo una cuenta roja en A1 con una mano, mientras con la otra pone una cuenta azul en A2, correspondencia biunívoca que permite comprobar la igualdad sin necesidad de contar). Después de esto, se presenta un vaso B más estrecho y más alto que A, o un vaso C más ancho y bajo que aquel; se solicita un trasvase de A1 a B o C y se pregunta si las cantidades son iguales en A2 y en B o C, y otro a cuatro pequeños vasos cilíndricos, preguntando si su total equivale a A2.

Te animamos a consultar en la red, donde podrás encontrar ejemplos de la tarea de conservación de Piaget aplicada a un niño de cuatro años y medio.

En las **operaciones formales** el niño aprende sistemas abstractos del pensamiento que le permiten emplear la lógica proposicional, el razonamiento científico y el proposicional. Este estadio también se divide en dos subestadios que dan cuenta del perfeccionamiento en su capacidad de someter a prueba, razonar atendiendo a diversas alternativas y no aceptar opiniones sin contraste previo. Finalizado este período los conocimientos del niño continúan avanzando, disponiendo ya de los instrumentos intelectuales del individuo adulto en sociedad, lo que le permitirá adquirir nuevas técnicas de pensamiento y mayor rapidez y familiaridad a la hora de resolver problemas.

La aportación de Piaget tiene un enorme valor en educación, si bien hoy en día sabemos que la puesta en práctica de la docencia no debe acoger exclusivamente un modelo teórico, sino que debe tener en cuenta la diversidad de posicionamientos (perspectiva psicoanalítica, de aprendizaje, cognitivas, contextuales y evolutivas). Tomar como referentes estas teorías nos ayuda a mejorar nuestra comprensión sobre la naturaleza humana y sobre el desarrollo del niño, sobre todo en sus primeras etapas. Al mismo tiempo, nos sirve de ayuda y guía para detectar alteraciones en el desarrollo.

En el contexto educativo español, nos referimos genéricamente a las *necesidades educativas especiales* (NEE) para aludir al conjunto de situaciones e historias personales y sociales de aquel alumnado «que refiera, por un período de su escolarización o a lo largo de toda ella, determinados apoyos y atenciones educativas específicas derivadas de discapacidad o trastornos graves de conducta» (LOE 2/2006, Título II, Capítulo I, art. 73), aludiendo específicamente a discapacidades físicas, psíquicas o sensoriales, o a trastornos graves de conducta (Preámbulo).

Este alumnado se introduce en un contexto más amplio de atención, denominado desde la LOE 2/2006 como *necesidades específicas de apoyo educativo* y que se refiere al alumnado que «requiere una atención educativa diferente a la ordinaria, por presentar necesidades educativas especiales,

por dificultades específicas de aprendizaje, TDAH, por sus altas capacidades intelectuales, por haberse incorporado tarde al sistema educativo, o por condiciones personales o de historia escolar» (art. 71) (véase figura 2.3).

Alumnado con discapacidad intelectual, física y/o sensorial

Discapacidad es un concepto en constante evolución que hace referencia, según se recoge en la Clasificación Internacional del Funcionamiento, de la Discapacidad y de la Salud (CIE-11) de la Organización Mundial de la Salud (OMS, 2019), a:

«un grupo de afecciones etiológicamente diversas originadas durante el período del desarrollo y caracterizadas por un funcionamiento intelectual y comportamiento adaptativo significativamente inferiores al promedio, que son aproximadamente de dos o más desviaciones típicas por debajo de la media (aproximadamente menos del percentil 2,3), de acuerdo con pruebas estandarizadas debidamente normalizadas y administradas individualmente. Si no se dispone de pruebas estandarizadas y normalizadas, el diagnóstico de los trastornos del desarrollo intelectual requiere una mayor confianza en el juicio clínico con base en una evaluación apropiada de indicadores comparables del comportamiento (párr. 1).»

Desde esta perspectiva, la discapacidad no se entiende como un concepto aislado en el individuo (con las connotaciones negativas que supondría este enfoque), sino como un «adjetivo o atributo complejo. Formado tanto por condiciones contextuales como personales, que conllevan la necesidad de compensación en la vida personal y social de quien la pose, así como de la comunidad» (Luque y Luque-Rojas, 2013, p. 58). En líneas similares, la Organización de las Naciones Unidas (ONU, 2006) a través de la Convención sobre los derechos de las personas con discapacidad reconoce que este término, en constante evolución, es

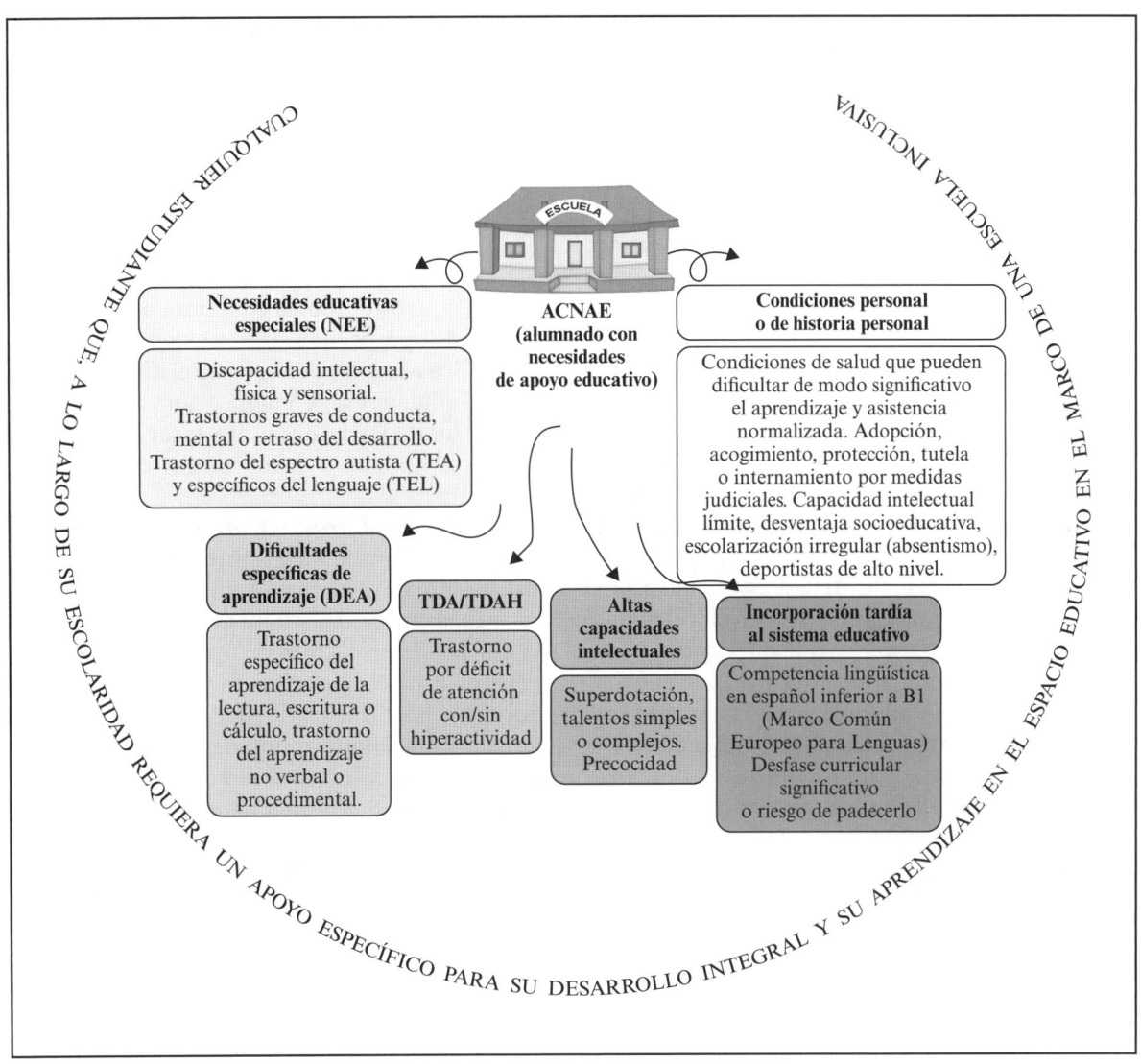

Figura 2.3.—Una aproximación a la clasificación de las necesidades específicas de apoyo educativo.

el resultado de la interacción entre el individuo con deficiencia y las barreras ocasionadas por la actitud y por el entorno, que evita su participación plena y efectiva en la sociedad, con iguales condiciones a los demás.

Estas definiciones aportan una doble visión de la discapacidad: *a*) como deficiencia biológica que repercute sobre las capacidades individuales, y *b*) como constructo social, relativo a las barreras del entorno a la plena participación en sociedad.

De este amplio y complejo concepto derivan términos más específicos referidos al tipo de limitaciones individuales, bien sean de tipo intelectual, físico y/o sensorial.

Discapacidad intelectual: la Asociación Americana de Discapacidades Intelectuales y del Desarrollo (AAIDD; Schalock et al., 2010), la define como «limitaciones significativas tanto en el funcionamiento intelectual como en el comportamiento adaptativo, tal y como son expresados en las habilidades conceptuales, sociales y prácticas. Esta discapacidad se origina antes de los 18 años» (p. 19). Se diferencian tres niveles:

a) *Leve:* la persona presenta un CI 70-75, manifestándose un déficit en su conducta adaptativa y puede también presentar déficit motor o sensorial. Muchas alcanzan cierto éxito académico en niveles elementales o superiores, autosuficiencia e independencia, si disponen de los apoyos suficientes y adecuados. La Educación Infantil y Primaria es clave para la adquisición de los aprendizajes básicos.

b) *Moderado:* la persona presenta un CI 55-35, manifestándose un déficit en su conducta adaptativa en todas las áreas de su desarrollo. Presenta habilidades comunicativas adecuadas, que adquiere en la primera infancia, junto con algunos aprendizajes básicos; requiere apoyo para interpretar las señales, juicios y decisiones sociales. Puede necesitar apoyos extensos e instrucciones precisas para el desarrollo de la mayoría de las actividades de cuidado personal, empleo y vida independiente, por lo que las intervenciones socioeducativas son clave en la dotación de una mayor autonomía y habilidades comunicativas.

c) *Grave/severa:* la persona presenta un CI 35-25, mostrando una gran afectación en todas las áreas de su desarrollo. Las habilidades de comunicación son muy básicas y su desarrollo del lenguaje durante la escolarización escaso. Requiere apoyo extensivo para habilidades de autocuidado, habiendo adquirido algunas en la escolaridad.

d) *Profunda/pluridiscapacidad:* la persona presenta un CI 20-25, que influye en todas las áreas de su desarrollo. Se manifiesta en personas con alteraciones neurológicas o de otro tipo, la cual presenta necesidad de apoyos intensivos y extensivos a todos los aspectos de la atención diaria. Las habilidades de comunicación son bastante limitadas y suelen presentar limitaciones sensoriales o físicas concurrentes.

Discapacidad física o motora: conjunto de limitaciones que inciden sobre la capacidad de realizar movimientos de forma duradera o, en los casos más graves, en la falta de movimiento. Puede derivar de problemas de tipo funcional manifestados a nivel muscular, óseo-articular o nervioso. De las diversas tipologías existentes, cabe destacar aquellas que resultan más representativas de las posibles intervenciones en el aula (Tobin y House, 2020): a) *dificultades de movimiento:* relativa a la autonomía para desarrollarse en el entorno inmediato cuando hay barreras que limitan su movilidad; b) *dificultades de comunicación:* relacionadas con la capacidad para articular sonidos, y c) *dificultades en la percepción:* si concurre, con el déficit físico, de tipo visual o auditivo.

Discapacidad sensorial: auditiva, visual o multisensorial: conjunto de alteraciones que repercuten sobre uno o más sentidos; generalmente, relativas a la audición, a la visión o a ambos. La persona con discapacidad visual presenta una agudeza visual (percepción de figura-forma) inferior a 1/3 y/o un campo de visión (percepción de objetos fuera de la visión central) inferior a 30°, y la persona con discapacidad auditiva presenta una pérdida auditiva superior a 21 dB. Por su parte, la sordoceguera está presente en aquellas personas que reúnen una combinación entre ceguera (discapacidad visual) y sordera (discapacidad auditiva) independientemente de la intensidad con la que se manifiesten (Goig, 2019; Pieranguelo y Giuliani, 2008).

La discapacidad visual y la auditiva son *estados* que provocan limitaciones en el funcionamiento por una interacción entre factores de tipo individual (deficiencia visual o limitaciones en la comunicación o el lenguaje como una manifestación lingüística y del pensamiento) y contextual (barreras de accesibilidad) (Luque y Luque-Rojas, 2013). En el terreno educativo, dichos estados pueden provocar un enlentecimiento del desarrollo psicomotor del infante, lo que le obliga a utilizar el resto de sus sentidos para comprender el entorno, aprender y relacionarse con las demás personas.

Alumnado con alteraciones del neurodesarrollo

Nos referimos aquí al conjunto de alteraciones o dificultades cognoscitivas y conductuales manifiestas desde las etapas tempranas del desarrollo de la persona (infancia, niñez o adolescencia). Si bien podríamos incluir también aquí la discapacidad intelectual, hemos querido dedicar un apartado específico para esta alteración que repercute sobre el conjunto de dimensiones del desarrollo, centrándonos en este epígrafe en aquellas que lo hacen en dominios más específicos, tales como el TDAH, el TEA, los trastornos del lenguaje y los trastornos específicos de aprendizaje.

Trastorno por déficit de atención con hiperactividad (TDAH): patrón persistente de inatención y/o hiperactividad-impulsividad que interfiere con el funcionamiento o el desarrollo y que se caracteriza por inatención, hiperactividad e impulsividad, cuyos síntomas se constatan en al menos dos contextos, interfiriendo y reduciendo la calidad social, académica o laboral (American Psychiatric Association, APA, 2013). Junto con las dificultades de aprendizaje (DA), el TDAH es una de las

causas más frecuentes de fracaso escolar (Galán-López et al., 2017). Pueden presentar cierto deterioro en sus habilidades básicas diarias y de socialización —también presente en niños con TEA—, y un aprendizaje menos efectivo que sus iguales debido, sobre todo, al menor nivel de motivación y flexibilidad para resolver problemas, una actitud más negativa hacia el aprendizaje y más dificultad para persistir en la tarea (Chandler, 2016; Kamphaus y Campbell, 2008; Peer y Reid, 2021).

La sospecha de la presencia de TDAH en un niño puede surgir tanto en el contexto familiar como en el escolar. Goig (2019) indica que se trata de alumnado que «permanece en el aula distraído, inquieto, inestable e impulsivo, manifestando dificultades para autocontrolarse y concentrarse» (p. 241), si bien estas características deben diferenciarse de un carácter nervioso del alumno o un estado de agitación puntual.

Trastorno del espectro autista (TEA): alteración severa, de base neurológica, que afecta a la interacción social, así como patrones de comportamiento estereotipado con un gran impacto a nivel cognitivo y social (Kamphaus y Campbell, 2008; Pierangelo y Giuliani, 2008). La *Tríada de Wing* alude a los principales síntomas característicos del TEA: déficits sociales, de comunicación y lenguaje y por un repertorio restringido de intereses. Estas dificultades se hacen más evidentes a partir de los cuatro años, momento en que se produce uno de los hitos clave en el desarrollo de la capacidad de inferir estados mentales de otros: la teoría de la mente (Núñez y Rivière, 2007). El déficit en el desarrollo de este sistema conceptual supone un deterioro en el significado compartido, en la intención comunicativa y la interacción recíproca, derivando en problemas de atención social conjunta, de relación social, comprensión compartida, respeto de turnos, mantener temas de conversación y entender las claves sociales (tono, ritmo, expresión facial y gestos) (Chandler, 2016). En la escuela presentan deterioro en sus habilidades básicas diarias y de socialización, dificultades en el aprendizaje por su actitud hacia los contenidos escolares, hacia los docentes y las asignaturas, dificultades para flexibilizar su forma de pensar los problemas y también con respecto a los compañeros de aula (Galán-López et al., 2017).

Respecto a la detección, si bien el espectro abarca un conjunto de síntomas amplio, Goig (2019) ofrece una síntesis de los más comunes: dificultad para comprender mensajes nuevos; retraso en la adquisición del lenguaje y uso incoherente del lenguaje; dificultad para compartir actividades, entender intenciones, establecer vínculos; uso de acciones repetitivas; o interés desmesurado por objetos o temáticas muy específicos.

Trastorno de la comunicación: el DSM-5 (APA, 2013) recoge un conjunto amplio de alteraciones dentro de esta categoría: trastornos fonológicos, trastornos de la fluencia de inicio en la infancia (anteriormente, tartamudez), trastornos del lenguaje (TEL) y trastornos de la comunicación social (pragmática). Son, por tanto, un conjunto de alteraciones que afectan a «todos los sistemas de comunicación en su modalidad oral y/o gestual, o en la versión signada del lenguaje» (Aguilar-Mediavilla e Igualada, 2019, p. 17). Destaca el TEL como dificultad persistente para la adquisición y la utilización del lenguaje en cualquiera de sus modalidades (hablado, escrito, lenguaje de signos...) debido a las dificultades en la comprensión y la expresión, incluyendo un vocabulario reducido, una estructura gramatical limitada y un deterioro en el discurso.

Dificultades de aprendizaje (DA): dificultades selectivas en cuanto a habilidades académicas, sobre todo en las áreas de lectura, cálculo y expresión escrita (Brueggemann, 2014; Khampaus y Campbell, 2008; Peer y Reid, 2021). Las más comunes son:

— Dificultades específicas en el aprendizaje de la lectura *(dislexia):* en la adquisición y uso de las habilidades de lectura, escucha, escritura, razonamiento o cálculo y que provocan dificultades para reconocer de forma precisa y fluente la palabra escrita y un déficit en la descodificación de la lectura y escritura. El origen es un déficit en el componente fonológico del lenguaje (International Dyslexia Association, IDA, 2002).

— Dificultades específicas de aprendizaje de la escritura *(disgrafía):* en contenidos vinculados a la escritura, evidenciándose un rendimiento insuficiente en las áreas que requieren una escritura correcta y bien estructurada.

— Dificultades específicas en el aprendizaje del cálculo aritmético *(discalculia):* rendimiento insuficiente en procesos de cálculo (sumas, restas, multiplicaciones y divisiones); es decir, en todos los contenidos que se vinculan al cálculo y a la aritmética.

— Dificultades específicas de la voz *(disfonía):* conjunto amplio de alteraciones en el funcionamiento de los órganos fonatorios, de tipo orgánico o funcional. Se refieren tanto a las alteraciones en el habla (dislalia, disartria, disglosia), como en el lenguaje (retraso simple del lenguaje, trastorno de fluidez, disfasia, afasia o mutismo selectivo).

Trastornos motores o de la coordinación: limitaciones debidas al retraso en los hitos motores en la infancia (Galán-López et al., 2017). Engloban los trastornos del desarrollo de la coordinación, de movimientos estereotipados y de tics (trastorno de Tourette, trastorno de tics motores o vocales persistentes, trastorno de tic transitorio, otros trastornos de tics especificados o trastorno de tics no especificados) (APA, 2013).

Alumnado con trastornos psíquicos

Incluye un amplio conjunto de patologías que se pueden dar en la etapa escolar y que requieren una detección temprana en aras a ofrecer una intervención socioeducativa específica y ajustada a las características y gravedad. Siguiendo a Chandler (2016), Goig (2019) y Kamphaus y Campbell (2008), Tobin y House (2020) destacan:

— *Trastornos de la alimentación:* anorexia, bulimia y obesidad. Este conjunto de alteraciones se manifiesta en conductas alimentarias que son perjudiciales para la persona, bien sea por la privación de alimento y la práctica excesiva de ejercicio físico por miedo a engordar (anorexia), el consumo descontrolado de alimentos y posterior purga para reducir el sentimiento de culpa (bulimia), o la ingesta de un número de calorías superior al requerido por el organismo (obesidad).
— *Trastornos de ansiedad:* estado de alarma constante que provoca reacciones fisiológicas y psicológicas que afectan al rendimiento en la vida diaria.
— *Trastornos de la conducta:* alteraciones en el comportamiento en situaciones de conflicto en que se ofrecen respuestas hostiles ante las normas sociales establecidas.
— *Trastorno obsesivo-compulsivo:* alteraciones en el pensamiento (obsesiones), ante los cuales pueden sentir la necesidad de reaccionar a modo ritualista (compulsiones). Las obsesiones se refieren a pensamientos, impulsos o imágenes mentales que se repiten constantemente, son indeseados (la persona trata de evitarlos, ignorarlos o hacerlos desaparecer) y causan un exceso de ansiedad o estrés. Las compulsiones se definen por la presencia de conductas (por ejemplo, lavado de manos, colocación de objetos en orden específico, revisión y/o verificación continua de acciones) o pensamientos (por ejemplo, rezo, contar números, repetir palabras en silencio) una y otra vez o según ciertas reglas estrictas, necesarias para prevenir o reducir la angustia, o evitar

una situación temida, aunque no tenga relación con la realidad, o sea exagerada.

Alumnado con altas capacidades intelectuales

Se trata de un grupo de estudiantes tradicionalmente designados como *superdotados, talentosos, genios, eminencias, prodigios, precoces...*[3]. Si bien socialmente se tiende a considerar que las altas capacidades se refieren al alumnado con una elevada ejecución en una o varias áreas (habilidades intelectuales generales, académicas específicas, pensamiento creativo o productivo, habilidad de liderazgo, aptitud visual y ejecución en arte, habilidad psicomotriz), este concepto es más amplio y heterogéneo. Jiménez Fernández (2010, pp. 28-29) aporta algunos matices:

— *Genio:* persona tan capaz en su campo que rompe con todas las normas, porque acaba creando las suyas propias en la producción de una obra genial. Es extremadamente inteligente, creativa y muy productiva. Es un logro que se alcanza en la vida adulta, dado que requiere madurez y experiencia. Algunos ejemplos se pueden encontrar en personajes clásicos como Galileo, Newton o Picasso.
— *Precoz:* la precocidad se considera un síntoma de la alta capacidad —es una característica asociada a la capacidad extrema y a niños prodigio—, aunque no sea necesariamente un indicador de esta. Puede darse en un niño precocidad en la adquisición del habla o el caminar, y que posteriormente no se produzcan logros brillantes ni indicadores de alta capacidad.

---

[3] Incluso, en la legislación educativa española, se dieron varios términos —erróneamente equiparados— como son: alumnado con sobredotación intelectual (LOGSE) y alumnado con superdotación intelectual (LOCE), hasta llegar a la LOE, donde pasa a denominarse de forma genérica, alumnado con altas capacidades intelectuales. Esta distinción no se ha observado en otras lenguas, como el inglés, donde el término común es *gifted student*.

— *Prodigio:* niños que logran ejecuciones sobresalientes a edades tempranas, en un campo profesional determinado, generalmente, antes de los 10 años de edad y con la calidad de una persona adulta competente. Ejemplos de prodigios en la historia se pueden encontrar en Mozart y en su hermana María Anna.

Siendo el alumnado superdotado o con altas capacidades aquel que se «diferencia de los alumnos medios y de los alumnos menos dotados en diversas características con significado educativo, se trata de un grupo internamente heterogéneo» (Jiménez Fernández, 2010, p. 29) y, por tanto, su caracterización resulta compleja, aunque sí es posible establecer unos trazos generales que giran en torno a tres ejes:

a) Características cognitivas: alta capacidad para manipular símbolos; lenguaje oral amplio, avanzado y estructurado; buena memoria y rápida capacidad para archivar información; altos niveles de comprensión y de generalización; capacidad de concentración, atención, observación, curiosidad y variedad de intereses.

b) Características motivacionales y de personalidad: buen autoconcepto y atribución causal interna; alta motivación, perseverancia, perfeccionismo y sentido ético; sentido del humor; capacidad de liderazgo natural, sensibilidad con uno mismo y con los demás; preferencia por estar con personas adultas o niños mayores que él; ingenio, agudez mental y recursos para solucionar problemas por más de una vía.

c) Características relacionadas con la creatividad: habilidad para pensar de forma holística para luego pasar a comprender sus partes; impulso natural a explorar ideas; desafío o reto ante lo convencional: independencia de pensamiento; y carácter juguetón y revoltoso.

Alumnado de incorporación tardía al sistema educativo español

Es alumnado que, por proceder de otros países o por cualquier otro motivo, se escolariza de forma tardía en el sistema educativo español y puede presentar problemas para acceder a la adquisición de los objetivos y competencias respecto a sus iguales. Su escolarización se realiza atendiendo a sus conocimientos, edad e historial académico, para que pueda incorporarse al curso más adecuado a sus características y conocimientos previos, con los apoyos oportunos, y de esta forma continuar con beneficio su educación. Desde la Administración educativa se debe facilitar su incorporación, diseñando programas y medidas que garanticen que la escolarización de este alumnado sea eficiente.

En el caso del alumnado de origen extranjero, una de las mayores preocupaciones iniciales entre docentes cuando se incorpora al centro educativo el estudiante es el idioma, dada la dificultad para la enseñanza de contenidos en una lengua que todavía no conoce del todo ni domina. Así pues, las medidas más habituales son el aprendizaje de la lengua vehicular, las aulas de acogida y la escolarización en un curso inferior al que corresponde por su edad cronológica. Lo más importante a la llegada de este alumnado es recoger toda la información posible sobre sus conocimientos y habilidades de partida, a fin de ofrecerle una respuesta educativa adecuada. Y si el alumno o alumna en cuestión no conoce la lengua vehicular, este será el primer objetivo a alcanzar. Pero, además, tan relevante como estos procedimientos técnicos o actuaciones para el aprendizaje de la lengua vehicular es incidir en su inclusión escolar y social.

En otros casos de incorporación tardía al sistema educativo, si ya existe conocimiento de la lengua vehicular, la preocupación del profesorado es lograr la adaptación del estudiante al centro. En este sentido es importante trabajar los aspectos afectivos y emocionales en el aula con todo el alumnado para beneficiar su inclusión, evitar el riesgo de exclusión social y crear un ambiente de aceptación y comprensión de las diferencias.

Algunos personajes famosos para ayudarte a comprender

Hay múltiples referencias que se pueden hacer a personajes de la historia que presentaban alguna alteración en su desarrollo físico, intelectual o sensorial, o bien alguna dificultad de aprendizaje. Por ejemplo, ¿sabías que Van Gogh (1853-1890) padecía enfermedad mental y depresión? Este famoso pintor nació con una lesión cerebral que, acrecentada por un consumo excesivo de absenta, le provocaba estados psicóticos agudos. Otra gran pintora con discapacidad, en este caso física, fue Frida Kahlo (1907-1954), que, a consecuencia de una poliomielitis, convivió con una de sus piernas más delgada que la otra; además, padecía de espina bífida, lo que le provocaba fuertes dolores en su columna vertebral. Casos más conocidos, quizá por su mayor cercanía en el tiempo (o también por haber sido documentados a través de películas), son los de John Forber Nash (1928-2015), un matemático estadounidense diagnosticado con esquizofrenia paranoide, o Stephen Hawking (1942-2018), físico teórico británico con esclerosis lateral amiotrífica (ELA).

?

PARA REFLEXIONAR

— Piensa en las series, películas, documentales... que ves o has visto en la actualidad. ¿Se representa en ellos algún personaje que hayas podido identificar con alguna de las características arriba descritas? Céntrate en alguno de ellos, ¿cómo se describe?, ¿qué rasgos te llaman la atención?
— Si has realizado la actividad anterior, ahora trata de pensar en el concepto amplio de diversidad y de atención al «alumnado con necesidades específicas de apoyo educativo» (si quieres, puedes ir a la figura 1.7 para recordar) ¿has olvidado algún ACNEAE al pensar en personajes de ficción?, ¿están todos los tipos de ACNEAE representados de la misma forma en la sociedad?
— Un último análisis que puedes hacer, como futuro/a maestro en Educación Infantil y/o Primaria, es el de los dibujos animados. ¿Cómo se representa en estos a alumnado con NEAE?

1.2. Los observadores del terreno: la persona evaluadora

Siendo la evaluación educativa y el diagnóstico dos hechos de gran repercusión en la configuración de los sistemas educativos y sobre los resultados individuales y grupales, es imprescindible dar respuesta al *quién evalúa*. Según Moreno (2015), el evaluador es «un actor clave de cualquier programa de evaluación, puesto que en él recae fundamentalmente la responsabilidad de llevar a cabo esta compleja labor» y, por tanto, la calidad de esta dependerá de «su formación, su experiencia, su credibilidad y su autoridad» (p. 103). Chorieva (2020, p. 25) reflexiona sobre la formación docente para contribuir al proceso diagnóstico señalando que, si bien representa una «condición para mejorar la actividad profesional y pedagógica y el crecimiento de la competencia pedagógica» y un «medio para mejorar la actividad innovadora de las instituciones educativas», la formación recibida en fundamentos, contenido y métodos para desarrollar una *cultura de diagnóstico* y sus habilidades de detección son limitadas.

La evaluación de los aprendizajes en Educación Infantil y Primaria corresponde al profesorado-tutor, como también evaluar su propia práctica (RD 95/2022 y RD 157/2022). Este agente elabora informes individualizados donde consta el proceso sistemático de valoración y observación de su alumnado, atendiendo a sus logros (RD 95/2022, art. 14.3 y Orden ECI/3960/2007, art. 7), y el grado de adquisición de competencias, evolución y desarrollo, indicando en su caso las medidas de refuerzo necesarias para ello (RD 157/2022, art. 15.4 y 5). En Educación Infantil, «la observación directa y sistemática constituirá la técnica principal del proceso de evaluación» (RD 95/2022, art. 12.1), mientras que en Educación Primaria «se promoverá el uso generalizado de instrumentos de evaluación variados, diversos, accesibles y adaptados a las distintas situaciones de aprendizaje que permitan la valoración objetiva de todo el alumnado» (RD 157/2022, art. 14.6).

En la etapa de la Educación Infantil en Galicia el alumnado dispondrá de una persona tutora (art. 18.1) encargada de la intervención educativa del conjunto de profesorado que incida sobre un grupo de estudiantes (art. 18.2) y, entre otras funciones, de coordinar la acción evaluativa sobre el alumnado, con la participación del equipo docente (art. 23). A través de la Orden de 30 de mayo de 2023 se regula la evaluación en Educación Infantil en la Comunidad Autónoma de Galicia. Se establece el derecho a una evaluación objetiva (art. 10.3*c*) en el marco de las prácticas habituales y permanentes del profesorado con el fin de «obtener y registrar datos relevantes que faciliten la toma de decisiones encaminadas a la mejora de los procesos de enseñanza y de aprendizaje del alumnado» (art. 18.1). Se incluyen tres tipos de evaluación:

— *Evaluación inicial* (art. 20): se regirá por lo establecido en el artículo 12 de la Orden de 8 de septiembre de 2021 (atención a la diversidad), con el fin de analizar los datos e información de las primeras sesiones lectivas del curso y otra información relevante para la adaptación de las enseñanzas al alumnado y lograr su progresión satisfactoria.

— *Evaluaciones parciales* (art. 21): las evaluaciones parciales (mínimo tres) tienen como finalidad hacer un seguimiento del estudiante, sobre todo incidiendo en materias o ámbitos pendientes.

— *Evaluación final* (art. 22): bajo la coordinación de la tutoría, el equipo docente evaluará al alumnado en sesión única colegiada al finalizar el período lectivo (art. 22.1). Se recogerá mediante:

• *Informe final de curso:* elaborado por la tutoría, en el que se incluirá la valoración global de cada área, del nivel de desempeño de los criterios de evaluación de cada área en ese curso, dificultades en el proceso de enseñanza y aprendizaje y la valoración, en su caso, de las medidas aplicadas (art. 22.3).

• *Informe final de etapa:* elaborado por la tutoría al finalizar 6.º curso, en el que conste el progreso global del estudiante, recogiendo la apreciación del grado de adquisición de los objetivos de la etapa y de las competencias clave, así como las dificultades en el proceso de enseñanza y aprendizaje y la valoración, en su caso, de las medidas de apoyo aplicadas (art. 22.4). Este informe final de etapa es fundamental para garantizar el proceso de formación y una transición entre ciclos y con Educación Primaria positiva en el alumnado (art. 7).

En Educación Primaria en Galicia el Decreto 155/2022 establece que «la orientación y la acción tutorial acompañarán el proceso educativo individual y colectivo del alumnado» (art. 13.1), con las funciones de (art. 13.2):

> **Coordinar la intervención educativa del conjunto de profesorado:** implica conocer las necesidades educativas del alumnado, regulando el modo en que se realiza el seguimiento y su evaluación y la acción educativa del profesorado implicado.
>
> **Mantener una relación permanente con la familia:** fluida y regular, en la que le faciliten información relativa al proceso continuo de su aprendizaje, de la forma de recuperar los aprendizajes no alcanzados y de la valoración del propio esfuerzo.

En su artículo 16, relativo a la «Atención a las diferencias individuales», se pone énfasis en la importancia de una *detección precoz de las necesidades específicas* para establecer mecanismos de apoyo y refuerzo cuando sea necesario (art. 16.1). En los sucesivos artículos se establecen los procedimientos para la evaluación del alumnado que presenta necesidades de apoyo educativo; a saber, en el caso de alumnado con NEE, se prevé una identificación y valoración realizada lo más tempranamente posible por profesionales especialistas (art. 17); en el caso del alumnado con dificultades específicas de aprendizaje, no se especifica qué figura debe llevar a cabo esta labor (art. 18), como tampoco se concreta en el caso del alumnado con integración tardía al sistema educativo español (art. 19). Asimismo, el Decreto establece la obligatoriedad de que todos los centros educativos, en 4.º de Educación Primaria, realicen una *evaluación de diagnóstico* (art. 25) de carácter «informativo, formativo y orientador».

En cuanto a la evaluación del proceso de enseñanza, correrá a cargo del profesorado-tutor, quien evidenciará el nivel en que la intervención educativa de las aulas se adapta a las características y necesidades del alumnado, y se establecerán indicadores de logro del proceso de enseñanza y de la práctica docente (art. 26.2). La Orden de 26 de mayo de 2023, que regula la evaluación en Educación Primaria en la Comunidad Autónoma de Galicia, establece que la tutoría será responsable de las evaluaciones inicial (art. 20), parciales (art. 21) y final (art. 26), en los mismos términos que los establecidos en la Orden relativa a Educación Infantil. En este caso, al finalizar 2.º, 4.º y 6.º curso hará un informe final de ciclo, reflejando la adquisición de competencias clave y, en su caso, medidas previstas para el ciclo o etapa posterior.

En la figura 2.4 se presenta un ejemplo del informe final de etapa para Educación Infantil y para Educación Primaria en la Comunidad Autónoma de Galicia.

Este expediente personal en el que se contemplan todas las evaluaciones realizadas al estudiante debe ser analizado por el profesorado-tutor para tener un conocimiento completo de las características de cada uno de sus estudiantes, sobre todo en el caso del tránsito de la etapa infantil a primaria, tal y como se señala en las funciones del profesorado-tutor en el Decreto 374/1996.

Será responsabilidad de los servicios de orientación el asesoramiento a la comunidad educativa (docentes, familias, estudiantes) en la identificación de las necesidades educativas del alumnado, valoración, establecimiento de medidas y su evaluación (art. 33.5). Tal y como establece el Decreto 120/1998, de 23 de abril, por el que se regula la orientación educativa y profesional y la Orden de 24 de julio de 1998 por la que se establece la organización y funcionamiento de la orientación educativa y profesional en la Comunidad Autónoma de Galicia, será el **departamento de orientación** [jefatura del departamento de orientación, la coordinación de ciclo, profesorado de pedagogía terapéutica (PT) y audición y lenguaje (AL), profesorado coordinador de Educación Infantil/Primaria y persona responsable de orientación en centros adscritos, si hubiera], el responsable de valorar las necesidades educativas del alumnado, diseñar actuaciones para la atención temprana y prevención de dificultades o problemas de aprendizaje, participando de forma directa en la **evaluación psicopedagógica** y en el diseño y desarrollo de la atención a la diversidad.

Esta evaluación psicopedagógica, junto con el dictamen de escolarización, recae en manos del departamento de orientación y, si procede, de los equipos de orientación específicos (EOE) (art. 34.3; art. 36.3)[4].

Así pues, la legislación educativa establece diferentes funciones para los agentes educativos implicados en los procesos de valoración y diagnóstico del alumnado. En el caso del profesorado-tutor, su implicación se ve reflejada en el día a día del aula, donde les será necesario disponer de las técnicas e instrumentos adecuados para realizar evaluaciones continuas de los aprendizajes,

---

[4] De forma complementaria, la Orden de 31 de octubre de 1996 por la que se regula la evaluación psicopedagógica de los alumnos y alumnas con NEE que cursan las enseñanzas de régimen general, y se establece el procedimiento y los criterios para la realización del dictamen de escolarización, establece las condiciones, proceso y criterios para la evaluación psicopedagógica del alumnado. Se establece que la competencia para elaborar este informe recae en manos de «un miembro del equipo psicopedagógico de apoyo adscrito a la plaza de psicología o pedagogía» o, en su caso, «el jefe del departamento de orientación correspondiente» (art. 4.3).

Modelo de informe final de etapa-Educación Infantil

INFORME FINAL DE ETAPA-EDUCACIÓN INFANTIL
Real decreto 95/2022, de 1 de febrero, y Decreto 150/2022, de 8 de septiembre

Centro	Código		
Dirección	Localidad	Ayuntamiento	CP
Provincia	Teléfono		

Datos personales de la alumna o del alumno			
Apellidos		Nombre	
DOI	Código XADE	Fecha de nacimiento	
Lugar de nacimiento	Provincia	País	Nacionalidad
Dirección	Localidad	Ayuntamiento	CP
Nombre de la persona responsable 1		Teléfono / Correo electrónico	
Nombre de la persona responsable 2		Teléfono / Correo electrónico	

Apreciación del grado de adquisición de los objetivos de la etapa		
Objetivo de la etapa	Valoración[1]	Observaciones
Conocer su propio cuerpo y el de las otras personas, así como sus posibilidades de acción, y aprender a respetar las diferencias		
Observar y explorar su entorno familiar, natural y social		
Adquirir progresivamente autonomía en sus actividades habituales		
Desarrollar sus capacidades emocionales y afectivas		
Relacionarse con las demás personas en igualdad y adquirir progresivamente pautas elementales de convivencia y relación social, así como ejercitarse en el uso de la empatía y la resolución pacífica de conflictos, evitando cualquier tipo de violencia		
Desarrollar habilidades comunicativas en diferentes lenguajes y formas de expresión		
Iniciarse en las habilidades lógico-matemáticas, en la lectura y la escritura, y en el movimiento, el gesto y el ritmo		
Promover, aplicar y desarrollar las normas sociales que fomentan la igualdad entre mujeres y hombres		
Conocer y valorar las singularidades culturales, lingüísticas, físicas y sociales de Galicia, poniendo de relevancia las mujeres y hombres que realizaron aportaciones importantes a la cultura y a la sociedad gallegas		

1. Sin dificultad (SD), En proceso (EP) o Con dificultad (CD)

Apreciación del grado de adquisición de las competencias clave		
Competencias clave	Valoración[1]	Observaciones
Competencia en comunicación lingüística (CCL)		
Competencia plurilingüe (CP)		
Competencia matemática y competencia en ciencia, tecnología e ingeniería (STEM)		
Competencia digital (CD)		
Competencia personal, social y de aprender a aprender (CPSAA)		
Competencia ciudadana (CC)		
Competencia emprendedora (CE)		
Competencia en conciencia y expresión culturales (CCEC)		

1. Sin dificultad (SD), En proceso (EP) o Con dificultad (CD)

Dificultades encontradas en el proceso de enseñanza y aprendizaje en relación con el grado de adquisición de los objetivos de la etapa y de las competencias clave	
Dificultades encontradas	Origen y causas

Valoración, en su caso, de las medidas aplicadas	
Descripción de las medidas	Valoración[2]

2. Poco adecuada, Aceptable pero requiere revisión, Adecuada, Buena, Excelente

Observaciones

.............................., ... de .... de ....

La tutora / El tutor   Sello del centro   Visto bueno
                                                        La directora / El director

XUNTA DE GALICIA   ISSN1130-9229   Depósito legal C.494-1998   https://www.xunta.gal/diario-oficial-galicia

Figura 2.4.—Informe final de etapa del estudiante de Educación Infantil y Primaria.

Modelo de informe final de la etapa-Educación primaria

INFORME FINAL DE LA ETAPA - EDUCACIÓN PRIMARIA
Real decreto 157/2022, de 1 de marzo, y Decreto 155/2022, de 15 de septiembre

Centro	Código		
Dirección	Localidad	Ayuntamiento	CP
Provincia	Teléfono		

Datos personales de la alumna o del alumno

Apellidos			Nombre
DOI	Código GADE		Fecha de nacimiento
Lugar de nacimiento	Provincia	País	Nacionalidad
Dirección	Localidad	Ayuntamiento	CP
Nombre de la persona responsable 1			Teléfono / Correo electrónico
Nombre de la persona responsable 2			Teléfono / Correo electrónico

Grado de adquisición de las competencias clave

Competencias clave	Calificación[1]	Observaciones
Competencia en comunicación lingüística (CCL)		
Competencia plurilingüe (CP)		
Competencia matemática y competencia en ciencia, tecnología e ingeniería (STEM)		
Competencia digital (CD)		
Competencia personal, social y de aprender a aprender (CPSAA)		
Competencia ciudadana (CC)		
Competencia emprendedora (CE)		
Competencia en conciencia y expresión culturales (CCEC)		

1: *Insuficiente: IN, Suficiente: SU, Bien: BE, Notable: NT, Sobresaliente: SB*

Medidas curriculares y organizativas adoptadas

Medidas recomendadas en la etapa siguiente

................................., ... de .... de ....

Sello del centro   Visto bueno
La tutora / El tutor   La directora / El director

XUNTA DE GALICIA ISSN1130-9229 Depósito legal C.494-1998 https://www.xunta.gal/diario-oficial-galicia

Figura 2.4.—*(continuación)*.

mediante el estudio de las competencias clave del alumnado (Pérez-Nievas, 2006), tal y como abordaremos en el capítulo 3.

Para finalizar este apartado cabe mencionar las seis competencias que autores como Kirkhart (1991) o Stevahn et al. (citado en Moreno, 2015) señalan necesarias en el profesorado evaluador (véase figura 2.5), las cuales se encuentran reflejadas en muchas de las competencias básicas o generales y transversales del título de maestro o maestra en Educación Infantil y en Educación Primaria (véase tabla 2.2).

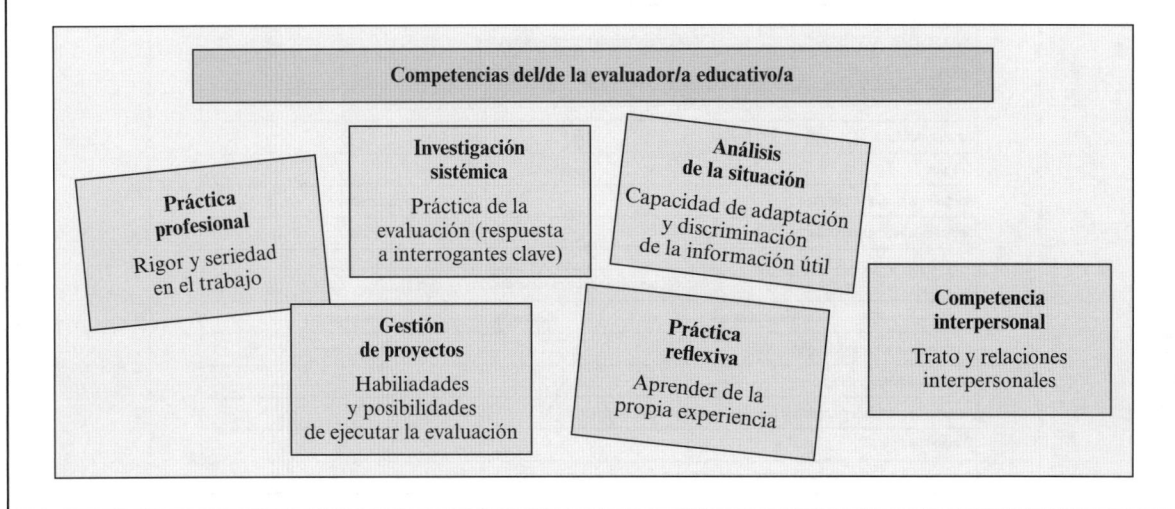

FUENTE: elaboración propia.

Figura 2.5.—Competencias de la persona evaluadora educativa.

Práctica profesional

Rigor y seriedad del profesional en el ejercicio de su función, con conocimiento, comprensión, respeto y aplicación de las normas fundamentales y valores prácticos de la evaluación y ética[5], así como conocimiento profundo sobre la realidad de estudio.

Investigación sistémica

Cuestiones técnicas vinculadas a la práctica de evaluación (selección de la metodología y di-

[5] Para más información sobre ética en la labor del profesor-tutor y evaluador, véase:

Consejo General de Colegios Oficiales de Doctores y Licenciados en Filosofía y Letras en Ciencias (2010). *Código deontológico de los profesionales de la educación.*

Federació de Moviments de Renovació Pedagògica de Catalunya (2011). *El Compromiso Ético del Profesorado.*

Asociación Internacional de Orientación Educativa y Profesional (2015). *Código deontológico de la orientación educativa en España.*

TABLA 2.2

Competencias del personal evaluador educativo, presentes en el título de Maestro en Educación Infantil y en Educación Primaria de la Universidade da Coruña

		Maestro o maestra en Educación Primaria		Maestro o maestra en Educación Infantil	
		Competencias específicas	Competencias generales	Competencias específicas	Competencias generales
Práctica profesional		A1 Comprender los procesos de aprendizaje del periodo de 6-12 años en el contexto familiar, social y escolar.	B6 Comportarse con ética y responsabilidad social como ciudadanos y como profesionales.	A1 Comprender los procesos educativos y de aprendizaje en el periodo de 0-6 años en el contexto familiar, social y escolar.	B6 Comportarse con ética y responsabilidad social como ciudadanos y como profesionales.
		A2 Conocer las características del alumnado y de sus contextos motivacionales y sociales.		A2 Conocer los desarrollos de la psicología evolutiva infantil en el periodo 0-3/3-6 años.	
		A3 Dominar conocimientos para comprender el desarrollo de la personalidad de estos estudiantes e identificar disfunciones.	B18 Compromiso ético para el ejercicio de las tareas docentes.	A3 Conocer los fundamentos de atención temprana.	
				A4 Reconocer la identidad de la etapa y sus características cognitivas, psicomotoras, comunicativas, sociales, afectivas.	
		A4 Identificar dificultades de aprendizaje, informarlas y colaborar en su tratamiento.	B21 Poseer conocimiento en un área de estudio que parte de la base de la educación general, y suele encontrar a un nivel que, si bien se apoya en libros de texto, incluye aspectos que implican conocimientos de la vanguardia de su campo.	A7 Identificar dificultades de aprendizaje, disfunciones cognitivas y las relacionadas con la atención.	
				A16 Identificar trastornos en el sueño, la alimentación, el desarrollo psicomotor, la atención y la percepción auditiva y visual.	
Investigación sistémica		A6 Identificar y planificar la resolución de situaciones educativas que afectan al alumnado con diferentes capacidades y distintos ritmos de aprendizaje.		A18 Detectar carencias afectivas, alimenticias y de bienestar que perturben el desarrollo físico y psíquico adecuado de los estudiantes.	

© Ediciones Pirámide

TABLA 2.2 (*continuación*)

	Maestro o maestra en Educación Primaria		Maestro o maestra en Educación Infantil	
	Competencias específicas	Competencias generales	Competencias específicas	Competencias generales
	A7 Analizar y comprender los procesos educativos en el aula y fuera de ella en el período 6-12 años.	B9 Capacidad para exponer ideas elaboradas, de forma oral y escrita.	A6 Conocer la dimensión pedagógica de la interacción con iguales y adultos y saber promover la participación en actividades colectivas, el trabajo cooperativo y el esfuerzo individual.	B10 Capacidad de análisis y síntesis.
Análisis de la situación		B13 Lectura e interpretación de imágenes.	A9 Adquirir recursos para favorecer la integración educativa de estudiantes con dificultades.	
	A11 Conocer los procesos de interacción y comunicación en el aula.	B23 Capacidad de reunir e interpretar datos relevantes para emitir juicios reflexivos sobre temas relevantes de índole social, científica o ética.	A60 Conocer y aplicar procesos de interacción y comunicación en el aula, y dominar las destrezas y habilidades sociales necesarias para fomentar un clima que facilite el aprendizaje y la convivencia.	B11 Capacidad de búsqueda y manejo de información.
	A22 Relacionar la educación con el medio, y cooperar con las familias y la comunidad.	B14 Capacidad para trabajar en equipo de forma cooperativa, para organizar y planificar el trabajo, tomando decisiones y resolviendo problemas, de forma conjunta e individual.	A12 Promover y colaborar en acciones dentro y fuera de la escuela, organizadas por familias, ayuntamientos e instituciones con incidencia en la formación ciudadana.	B16 Capacidad para integrarse y comunicarse con expertos en otras áreas y en contextos diferentes.
Gestión de proyectos		B22 Saber aplicar conocimientos a su trabajo o vocación de forma profesional y poseer las competencias que suelen demostrarse por medio de la elaboración y defensa de argumentos y la resolución de problemas en su área de estudio.	A13 Analizar e incorporar de forma crítica las cuestiones más relevantes de la sociedad actual que afectan a la educación familiar y escolar.	B22 Creatividad o capacidad para pensar cosas desde diferentes miradas, dando nuevas soluciones a problemas.

TABLA 2.2   *(continuación)*

	Maestro o maestra en Educación Primaria		Maestro o maestra en Educación Infantil	
	Competencias específicas	Competencias generales	Competencias específicas	Competencias generales
Práctica reflexiva		B1 Aprender a aprender.	A20 Valorar la importancia de la estabilidad y la regularidad en el entorno escolar, horarios y estados de ánimo del profesorado como factores que contribuyen al progreso armónico e integral del alumnado.	B1 Aprender a aprender.
		B17 Capacidad de análisis y autoevaluación tanto del propio trabajo como del trabajo en grupo.	A23 Comprender que la observación sistemática es un instrumento básico para poder reflexionar sobre la práctica y la realidad, y contribuir a la innovación y a la mejora en Educación Infantil.	B14 Capacidad para detectar sus propias necesidades de aprendizaje a lo largo de la vida.
		B25 Haber desarrollado las habilidades de aprendizaje necesarias para emprender estudios posteriores con alto grado de autonomía.	A63 Participar en la actividad docente y aprender a saber hacer, actuando y reflexionando desde la práctica.	B15 Capacidad para asumir la necesidad de un desarrollo profesional continuo, mediante reflexión sobre la propia práctica.
		B24 Poder transmitir información, ideas, problemas y soluciones a un público tanto especializado como no especializado.	A10 Crear y mantener lazos de comunicación con las familias para incidir en el proceso educativo.	B17 Capacidad para presentar, defender y debatir ideas usando argumentos sólidos.
Competencia interpersonal	A20 Mostrar habilidades sociales para entender a las familias y hacerse entender por ellas.		A11 Conocer y saber ejercer las funciones de tutor y orientador en educación familiar.	
	A21 Conocer y saber ejercer funciones de tutor y orientador en educación familiar de 6-12 años.			

seño, instrumentos de recogida y análisis de información, triangulación de la información, presentación de informes). Implica la capacidad para dar respuesta a los interrogantes que originaron la evaluación, mediante un proceso organizado y explicitado de modo que cualquiera fuese capaz de repetir con resultados similares (replicabilidad).

Análisis de la situación

La persona evaluadora debe disponer de habilidades y destrezas para adaptarse a cada situación, recabando información de diversidad de fuentes, sabiendo disgregar la información válida de la que no lo es, y modificando (si procede) la forma de recoger e interpretar la información a fin de alcanzar una solución efectiva al problema.

Gestión de proyectos

Conjunto de habilidades prácticas (recursos materiales, humanos, económicos...) que se ponen a prueba durante una evaluación; se incluye aquí la negociación de los términos de referencia, la realización de presupuestos, la justificación de los gastos, la coordinación de recursos o la supervisión de los procedimientos.

Práctica reflexiva

Una de las habilidades clave para el crecimiento personal del profesional evaluador educativo es la capacidad de aprender de su propia experiencia. La autoevaluación para la mejora pasa por el autoconocimiento de las fortalezas y las debilidades como docente y como evaluador, la indagación acerca de las necesidades formativas personales para la mejora, o la participación en el desarrollo profesional hacia esa meta.

Competencia interpersonal

Se refiere a las habilidades y destrezas vinculadas al trato con otras personas (comunicación, negociación, conflicto, colaboración, habilidades interculturales).

1.3. El terreno por observar: la situación de diagnóstico

El lugar predilecto para llevar a cabo un diagnóstico pedagógico es el marco escolar, pues permite analizar situaciones ordinarias de aprendizaje, tomando como variables relevantes aquellas que indicen en el aprendizaje del estudiante y sus condiciones de escolaridad habitual (Marí Mollà, 2007). Abandonamos la idea tradicional y restrictiva del diagnóstico focalizado en las necesidades o dificultades del estudiante en un contexto muy particular, para dirigir la mirada a todo el hecho educativo, en el que existen variedad de *situaciones ordinarias* que son objeto de evaluación (Suárez, 2011).

1.4. Precauciones antes de subir la montaña: condicionantes del proceso de diagnóstico

Todo lo recogido hasta el momento evidencia la relevancia de tres elementos implicados en el diagnóstico pedagógico: el sujeto evaluado (el escolar o escolares), la persona evaluadora (el profesorado-tutor, el personal de orientación, psicopedagogía...) y la situación de diagnóstico (contextos, preferentemente naturales, en los que se producen interacciones). Cabe finalizar este apartado haciendo referencia a los sesgos que pueden introducir diferentes variables que derivan de estos tres elementos clave:

Sujeto evaluado

Características personales como el sexo o la edad pueden influir en el resultado del proceso diagnóstico; pero, sin duda, entre los aspectos más relevantes se encuentran el estado emocional, la actitud y la disposición del escolar hacia este; ello podrá depender de si ha sido informado o no de la exploración previamente, si la participación es voluntaria... así como también la pericia de la persona evaluadora (en cada caso, y según proceda, el profesorado tutor, personal de orientación, psicopedagogía, agentes externos) para, por un lado, captar su atención, hacerle sentir confortable y colaborador, y lograr que se responsabilice del resultado, y, por otro lado, detectar si está falseando la información o sesgando sus respuestas.

La persona evaluadora

Existe un conjunto de variables que se deben tener en cuenta a la hora de interpretar los resultados de las pruebas diagnósticas:

Características personales de la persona evaluadora: aquí se incluye el conocimiento y experiencia que tenga en la aplicación de ciertos instrumentos, sus habilidades como persona evaluadora, o su propio marco referencial o formación teórica.

Expectativas sobre el sujeto evaluado: la forma en que se comunica con el estudiante (condicionamiento verbal), el rol que juega en la modelación de la conducta del sujeto durante la prueba (tanto en sentido positivo como negativo), la actitud de vigilancia...

Características físicas del sujeto evaluado: su sexo y su apariencia externa pueden ejercer una cierta influencia sobre los juicios de la persona evaluadora.

La situación de evaluación

El tercer elemento que interviene en el diagnóstico es el contexto o situación en los que se produce esta actividad. Referirse a la situación diagnóstica es, en un primer momento, aludir a un conjunto de variables que tienen incidencia en este proceso, tales como el ambiente físico en que se desarrolla (espacio, luminosidad, temperatura, ruido... y cómo afectan al escolar que está siendo sometido a evaluación), las técnicas e instrumentos que se emplean (tipo de preguntas formuladas y respuestas requeridas, tiempo y lugar de aplica-

ción...), los contextos más amplios (otros espacios del centro escolar, como el patio, el aula... o de fuera de este, como la vivienda, el parque...), etc.

2. DEL PICO A LA BASE DE LA MONTAÑA Y VICEVERSA: NIVELES Y ÁMBITOS

2.1. Niveles de actuación

El diagnóstico en el campo educativo debe abandonar el enfoque centrado exclusivamente en un nivel singular y contemplar además análisis transversales que atiendan a diferentes niveles, como son el individual (propio del estudiante), el institucional (el centro educativo), el contextual (la comunidad educativa), el ecológico-ambiental... Atendiendo a las aportaciones de diversos autores, Dueñas (2011) sintetiza los niveles de actuación del diagnóstico en tres: diagnóstico general, diagnóstico analítico y diagnóstico individual. A continuación, se presenta una breve definición de cada uno de ellos:

Diagnóstico general

Modalidad de diagnóstico aplicable al conjunto de escolares, pues su fin es determinar las características y el progreso escolar medio en un grupo de estudiantes en general, y no en una materia específica ni en un individuo en concreto. Se usa para conocer a todo el alumnado, al tiempo que facilita la detección de alteraciones en algún estudiante.

Diagnóstico analítico

Modalidad orientada a la identificación, bien sea individual o grupal, de dificultades, problemas, alteraciones... en el aprendizaje de alguna materia. Para ello se recoge información específica en el caso de estudiantes para los que sea necesario adoptar alguna medida concreta.

Diagnóstico individual

Modalidad que hace referencia a casos concretos que presentan dificultades, alteraciones, fracasos reiterados... y para los que es necesario establecer una serie de medidas que partan de un conocimiento profundo del rendimiento escolar del estudiante.

En líneas similares a los tres niveles planteados, aunque ampliando el campo de acción, Suárez (2011) esquematiza cuatro niveles (véase figura 2.6)

que pueden hacer referencia a: *a*) una forma más genérica y aplicable al conjunto del grupo clase (por ejemplo, diagnóstico del rendimiento escolar en un contexto específico); *b*) un diagnóstico aplicable igualmente a un grupo amplio de sujetos en un contexto específico, pero referido a una característica o aspecto (por ejemplo, matemáticas); *c*) un modo de diagnosticar centrado en un único estudiante, respecto de todos los elementos de tu rendimiento escolar, y *d*) uno que atendiese solo a un elemento, aspecto o característica de un único individuo.

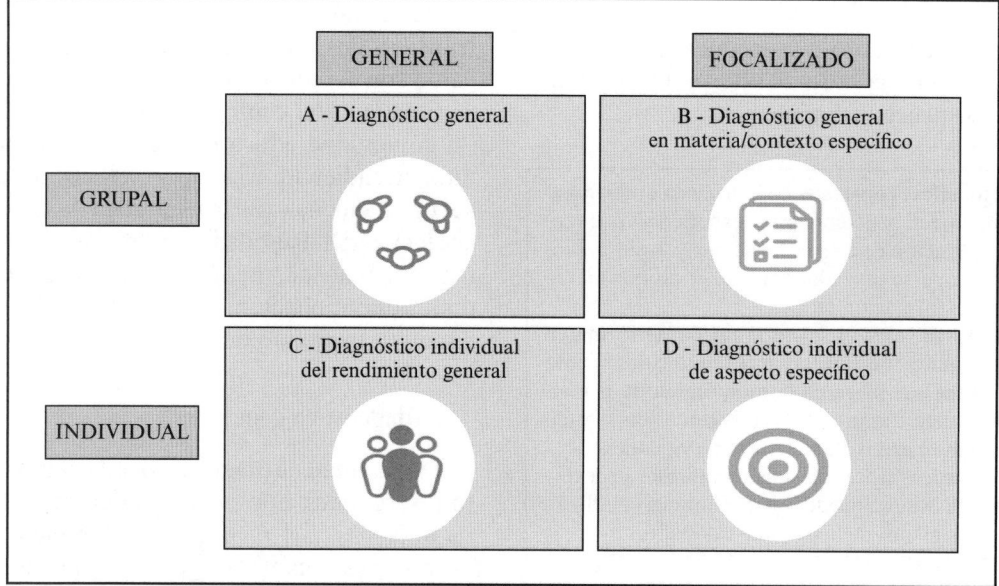

FUENTE: elaboración propia a partir de la información contenida en Suárez, A. (2011). *Diagnóstico pedagógico: diagnóstico de las competencias en lenguaje verbal escrito y matemáticas en educación primaria* (p. 36). La Muralla.

Figura 2.6.—Niveles de actuación del diagnóstico pedagógico.

2.2. Ámbitos del diagnóstico

Decir que todo el alumnado es diferente es un hecho obvio por sus características físicas propias y por sus cualidades psicológicas; el problema surge cuando la escuela trata de actuar frente a estas diferencias. Si bien el proceso de diagnóstico pe-

dagógico se centra en estudiar la diversidad en términos de características intrínsecas (crecimiento biológico y de maduración cognitiva) determinadas por la herencia genética, dichos procesos se desarrollan en un contexto determinado que contribuirá a configurar esas diferencias: en este caso, el contexto escolar (Baña y Losada-Puente, 2016b).

Hoy en día es bien sabido que solo es posible comprender y abordar la diversidad humana si se considera la interacción entre los distintos factores incidiendo en su desarrollo. Tal y como se recoge en Baña y Losada-Puente (2019), «el desarrollo humano es multicausal pues en él intervienen tanto factores personales como ambientales, aspectos internos y externos que condicionan a cada individuo haciéndolo único» (p. 3) y ello es común a todas las personas con independencia de sus alteraciones. Por ello, introducir en el diagnóstico elementos del contexto en el que se desarrolla el individuo y, más aún, sobre la contribución de las interacciones humanas y de las relaciones sociales a la configuración de su pensamiento y su evolución resulta fundamental, puesto que van a permitir la comprensión y la respuesta a las demandas del entorno.

Generalmente, los dos contextos por excelencia para el desarrollo de las capacidades humanas son la familia y la escuela. Ambos entornos son fundamentales en la educación de la persona, pues contribuyen a su organización y facilitan su adaptación activa al medio (Arieli y Feuerstein, 1987). Por ello, es necesario evaluar a la persona y su desarrollo en su entorno, planteando un diagnóstico en la línea de sus capacidades y dificultades a nivel funcional y ambiental (Losada-Puente, 2016).

Las influencias del ambiente: el papel de la familia y el profesorado

Dícese con justicia, que la escuela primaria es uno de los cimientos de la civilización. Y cuando tal afirmación se manifiesta, es porque nadie olvida que otro de los factores de innegable influencia, es el hogar. Hogar y escuela deberían por tanto, marchar siempre juntos como portaestandarte del progreso. Pero he aquí que, desgraciadamente esa alianza ideal no se realiza siempre y suele fracasar donde más se necesita.

Y si bien hay ambientes favorables a toda obra de cultura y progreso y por ende, a la escuela primaria, tales como los centros de culto de las grandes ciudades, también es cierto que los hay hostiles e indiferentes a toda obra de adelanto y civilización. Sin embargo, y he

aquí lo curioso, cuando la educación del niño falla, cuando no progresa, cuando a pesar de todos los esfuerzos queda como estancada en un marasmo negativo, nadie recuerda entonces que la educación del niño es un producto de dos factores, hogar y escuela. La mayoría se inclina a criticar la escuela primaria y a buscar con ojos acusadores al maestro, que no supo o no pudo, con su sola influencia, lograr el éxito ansiado.

He aquí por qué muchas veces, el maestro desempeña en la sociedad el papel de un Robinson Crusoe en una isla desierta. Solo en la lucha contra los elementos adversos, debe vencerlos y domarlos a fuerza de voluntad, de observación, de estudio y de constancia. Muchas veces es un Hércules, cuyas obras no son cantadas por los poetas, pero cuya recompensa más gloriosa florece en lo íntimo de su ser, en la satisfacción de su propia conciencia, por la victoria lograda.

Bustos (1932, p. 93).

 PARA REFLEXIONAR

Este texto fue escrito por Julia Bustos en el año 1932. Tras casi un siglo desde su publicación en el Cuarto Congreso Nacional de Sociedades Populares de Educación:

— ¿Cuáles de las cuestiones que plantea la autora perviven hoy día en el discurso en torno a la relación familia-escuela?, ¿qué rol juega cada agente en lo relativo a la educación de los niños/as con diversidad funcional?
— Realiza una búsqueda, en la prensa actual, sobre noticias en materia de educación. Recoge alguna que haga referencia al maestro/a y analiza cómo se dibuja esta figura en la sociedad actual. Realiza la misma acción para buscar acerca del rol de las familias y la forma en que son representadas en la prensa con relación a la educación de sus hijos e hijas.

Siguiendo a Buisán y Marín (citado en García Nieto, 1995) y a Dueñas (2011), que definen tres dimensiones[6] del diagnóstico pedagógico tomando como referencia las aportaciones del enfoque inter-

---

[6] Para obtener información más completa sobre las dimensiones del diagnóstico pedagógico, se recomienda consultar el manual elaborado por Dueñas Buey (2011).

accionista, y teniendo en cuenta los principios del modelo de calidad de vida y los elementos del bienestar escolar (véase capítulo 1), encontramos:

Dimensión individual

Incluye el ámbito biológico (desarrollo físico y madurativo, estado de salud física, estado psicofisiológico y psiconeurológico) y psicomotor (sensaciones y percepciones, esquema corporal, coordinación psicomotriz, motricidad gruesa y fina...).

Dimensión académica

Contempla ocho ámbitos: *a*) cognitivo (desarrollo intelectual, inteligencia general, aptitudes específicas...); *b*) motivacional (expectativas, atribuciones, intereses...); *c*) afectivo (historia personal, estabilidad emocional, rasgos de personalidad); *d*) social (desarrollo social, habilidades sociales...); *e*) estudiante (conceptos básicos, conocimientos instrumentales, adaptación escolar); *f*) docente (formación y especialización, experiencia docente, estilo y eficacia docente...); *g*) aula (clima del aula), y *h*) programas y medios educativos (detección de necesidades, objetivos, contenidos y actividades...).

Dimensión socioambiental

Integra el ámbito educativo (aspectos físicos y arquitectónicos, recursos, organización y funcionamiento...), y el familiar, del grupo de iguales y del barrio-comunidad, atendiendo en todos ellos a aspectos socioestructurales, procesuales, académicos...

3. DANDO SENTIDO A NUESTRA LABOR: FUNCIONES Y OBJETIVOS DEL DIAGNÓSTICO

El diagnóstico pedagógico «tendrá una función distinta según los fines u objetivos que se

persigan» (Marín y Buisán, 1994, p. 56) y, si bien se puede hacer referencia a múltiples clasificaciones de las funciones de esta disciplina, la más aceptada diferencia (Dueñas, 2011; Pascual, 2015): función preventiva, función correctiva, función clasificatoria y función de reestructuración (véase figura 2.7).

Se finaliza este apartado retomando la idea recogida de Marín y Buisán (1987) y Pérez Juste (1990), quienes integraban la labor diagnóstica en el campo de la **orientación educativa.** La labor diagnóstica no finaliza con un informe, sino que el educador preocupado por la atención a la diversidad de calidad en una escuela inclusiva también plantea estrategias que permitan afrontar el reto que supone la diversidad en las aulas mediante una respuesta creativa y cercana al alumnado (Fiuza et al., 2021). Más allá del diagnóstico, el fin último del hecho educativo es contribuir al desarrollo integral de la persona, proporcionándole aprendizajes experienciales. Un recurso básico es que los sistemas educativos se adapten a las necesidades individuales y las satisfagan en contextos diversos; para ello previamente se debe dotar a la persona de oportunidades y experiencias que le permitan hacerse responsable de su vida, tomar decisiones y encargarse de sí misma; esto es, convertirse en un ser autodeterminado (Losada-Puente, 2016).

4. LA FINALIDAD ÚLTIMA: MEJORAR LA CALIDAD DE VIDA INDIVIDUAL Y FAMILIAR, INTERVINIENDO SOBRE EL BIENESTAR ESCOLAR

Cuando analizamos el terreno y planificamos la subida a la montaña, el objetivo es obtener la mayor información posible para diseñar un plan de actuación optimizando nuestras estrategias y recursos. Lo que nos lleva a subir esa montaña es la motivación de superación personal y puede que, en cierta medida, contribuya a mejorar nuestra situación actual. Trasladando estas acciones a un

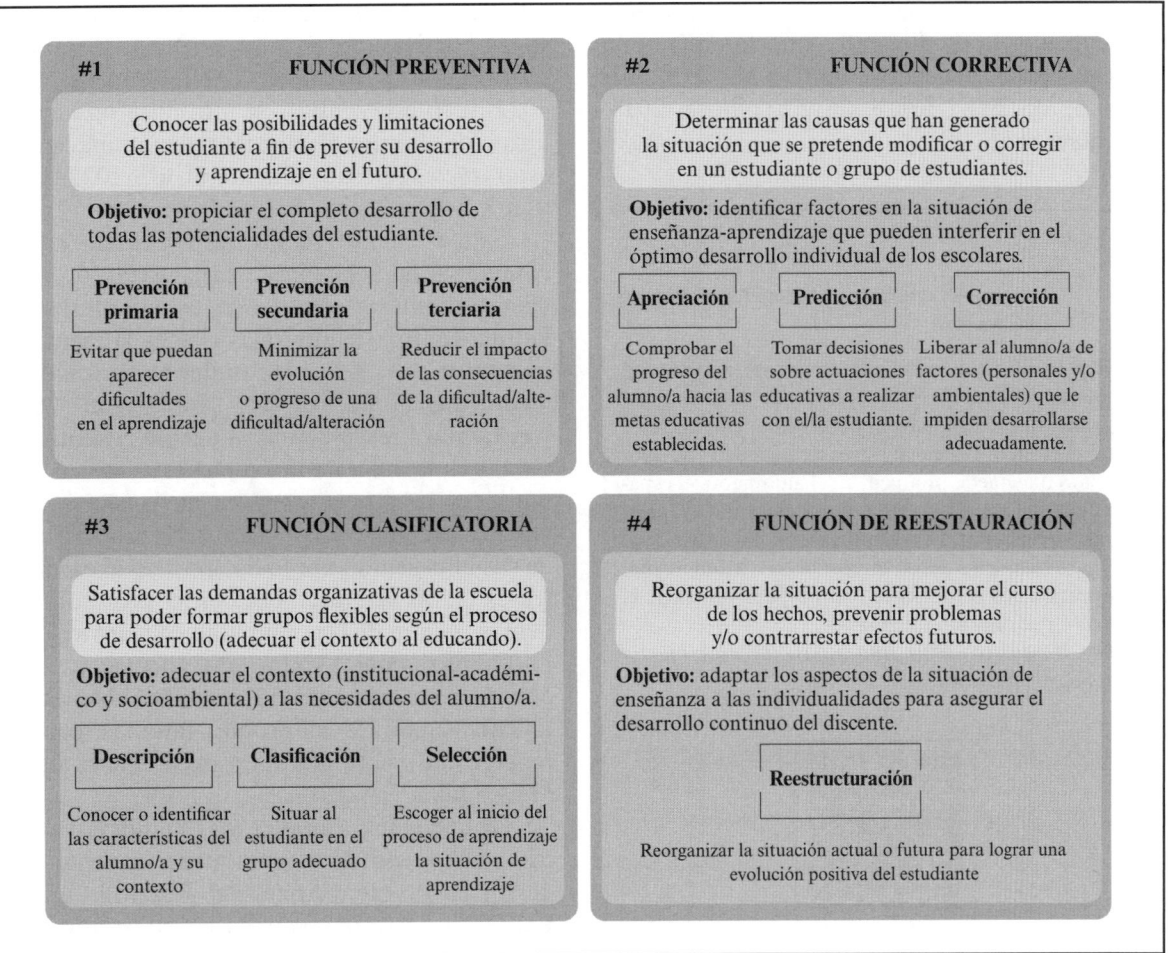

Figura 2.7.—Funciones, subfunciones y objetivos del diagnóstico pedagógico.

contexto de apoyos, el fin será, igualmente, analizar la situación, tomar decisiones y actuar para mejorar su estado o situación transitoria actual. Nos estamos refiriendo al concepto de **calidad de vida.**

La escuela representa un espacio de experimentación que permitirá el desarrollo emocional, psicológico y social del alumnado. En el desarrollo de las prácticas pedagógicas inclusivas, la calidad de vida es el eje clave para el logro del bienestar, el desarrollo personal y la participación de todo el alumnado y, en especial, de aquel que pueda estar en situación de mayor vulnerabilidad para vivir de un modo eficiente, capaz y autogestionado (Baña y Losada-Puente, 2016a; Losada-Puente et al., 2023; Losada-Puente y Mendiri, 2024). Hablar de calidad de vida individual, sobre todo en la etapa escolar, exige necesariamente hacer referencia, por un lado, al contexto (el escolar) y, por otro lado, al bienestar de las personas implicadas en mejorar las experiencias del individuo. Con relación al contexto, los estudios prestan cada vez más atención, no solo al componente académico y de rendimiento, sino también a su bienestar en la escuela (Mendiri et al., 2024; Requejo et al., 2022; Rousseau y Espinosa, 2018; Steinmayr et al., 2018).

Por qué los estudiantes deberían tener «días de salud mental»

Hayley Hardcastle, estudiante activista, realiza una propuesta para convertir las escuelas en mejores espacios para que los estudiantes puedan lidiar con sus retos de salud mental. Frente al estrés, la ansiedad y el agotamiento que puede producir, en el alumnado, el espacio educativo, no existe una política clara que dé prioridad a su bienestar. Esta estudiante explica y defiende por qué las escuelas deben ofrecer días de salud mental y permitir a los estudiantes tiempo para practicar la higiene emocional sin estigma.
Hayley Hardcastle: Why students should have mental health days | TED Talk.

El bienestar escolar es un constructo multidimensional (ver capítulo 1), referido a las valoraciones del niño acerca de sus vivencias escolares, en términos *subjetivos,* que contemplan tanto satisfacción con la vida escolar (lo que piensa sobre su experiencia escolar), como los afectos que experimentan en esta (emociones positivas que experimenta y ausencia de negativas) y en términos *psicológicos,* referido aquí al concepto de autorrealización (sentirse capaz de actuar de formar eficaz, disponer de expectativas y propósitos académicos, motivación hacia el aprendizaje, sentido de logro...). Además, el concepto de bienestar

escolar incluye la influencia de los espacios, personas y actividades en la experiencia escolar (Losada-Puente y Mendiri, 2024; Requejo et al., 2022) y, en este sentido, se introduce una tercera forma de abordar el concepto, denominada *bienestar social* (Losada-Puente et al., 2022; véase figura 2.8).

Este elemento social del bienestar escolar contempla las relaciones escolares tanto docentes-estudiantes y estudiantes-estudiantes, como familia-centro, siendo todas ellas igualmente importantes, pese a que la familia ha recibido una menor atención al respecto (Tobía et al., 2019). Las familias representan un agente educativo de interés en la valoración del bienestar de sus hijos o hijas en la escuela, siendo además necesario tener en cuenta su contribución al bienestar general de sus hijos, como punto de apoyo, y al escolar, a través de las interacciones con el profesorado y demás agentes de la comunidad educativa (Rebollo-Quintela et al., 2021). Pero, además, cada vez cobra más importancia la atención al bienestar y la satisfacción de las propias familias, dada su repercusión sobre la vida y experiencias de sus hijos o hijas.

De una manera amplia, los estudios en calidad de vida individual (generalmente centrados en personas con alteraciones del desarrollo intelectual) han derivado también en el estudio de la calidad de vida familiar (Baña et al., 2022; Boehm y Carter, 2019; Losada-Puente et al., 2022). El foco ya no solo se dirige a evaluar el bienestar del individuo y a atender a sus necesidades, sino que se entiende que las prácticas profesionales deben contemplar a la unidad familiar en conjunto y, por tanto, configurarse para dar cobertura a las necesidades y demandas de la persona y de su familia, como agentes centrales del proceso.

La investigación actual sobre alteraciones del desarrollo intelectual se centra en conocer el impacto de tener un hijo con alteraciones sobre la percepción parental y sobre el funcionamiento de la familia (Boehm y Carter, 2019). Hace varias décadas comenzó a plantearse un modelo de ca-

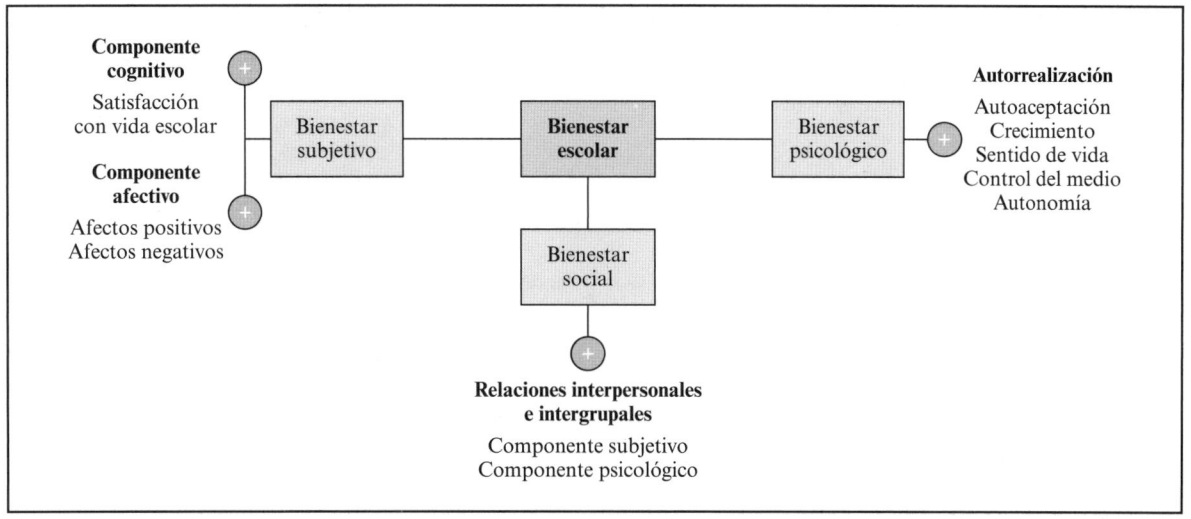

Figura 2.8.—Ejes clave del bienestar escolar.

lidad de vida familiar que tiene en cuenta tres factores comunes: la *elección familiar,* en tanto que se les dota de poder, de capacidad de hacer demandas y de exigir que los profesionales respondan a ellas; la *perspectiva de fuerza familiar,* que exige descentrar la atención de las debilidades y dificultades, para focalizarse en los recursos, preocupaciones y prioridades familiares; y la familia como *unidad de apoyos,* implicándose en lo que afecta al desarrollo de su hijo (Turnbull, 2003).

A nivel de las instituciones educativas, las familias tienen un lugar prioritario en la calidad de vida (Fernández et al., 2019) y, de forma más específica, en el bienestar escolar (Rebollo-Quintela et al., 2020) de sus hijos, como puente de unión entre escuela y comunidad. Las familias deben adoptar necesariamente un papel activo en la toma de decisiones acerca de los servicios educativos y comunitarios que reciben sus hijos, puesto que, por un lado, representan un elemento constante en la vida de la persona, siendo quienes mejor la conocen y, por otro lado, son un elemento de apoyo fundamental para la mejora de sus habilidades y capacidades para desarrollarse de un modo autónomo e independiente (Baña et al.,

2022; Losada-Puente, 2016). En este sentido, las familias tienen una función social importante en la vida de sus hijos al ofrecerles este ajuste de recursos facilitando su educación. Por tanto, la labor de los y las profesionales es de orientarlas y ayudarlas en esta labor tan importante como imprescindible.

Las familias, al igual que sus hijos, van a precisar de los apoyos y ayudas que les permitan reflexionar sobre sus creencias acerca de la diversidad y construir una visión más positiva de esta. Es necesario romper con el rol pasivo de las familias en las dinámicas educativas, promoviendo en su lugar la participación y el rol que deben ocupar en las actividades que repercuten sobre la educación de sus hijos e hijas. Es labor de los profesionales iniciar y mantener una coordinación con las familias y con otros agentes para lograr un abordaje integral del adolescente, de modo que, trabajando de manera conjunta, sea posible que la calidad de vida repercuta en la inclusión plena de la persona (Losada-Puente y Mendiri, 2024; Peer y Reid, 2021).

Empoderar a las familias será un elemento clave del proceso (Turnbull, 2003), pues, cuando la familia se percibe como parte del entorno escolar, con poder de opinar y decidir, es más fácil que se involucren en la tarea educativa de empoderar a sus hijos, de acompañarlos en su transición a la vida adulta, ofreciéndoles las oportunidades que necesitan para poner a prueba sus habilidades de autodeterminación.

LECTURAS Y RECURSOS AUDIOVISUALES: PARA SABER MÁS

Documentos científicos para completar la formación...

Baña Castro, M. y Losada-Puente, L. (2019). El modelo de calidad de vida y su aplicación a la educación y a los programas centrados en las personas. En Autores (eds.), *El desarrollo y los apoyos en la atención a personas con alteraciones del neurodesarrollo.* Europa Ediciones.

La cultura humana siempre ha tenido una concepción de sí misma basada en ideas preconcebidas acerca de lo que es neurotípico y de lo que no lo es. De cómo tratar aquello que le resulta ajeno y de decidir qué es mejor y qué no lo es para aquellas personas que, por su diversidad, responden de forma atípica socialmente. Con los apoyos adecuados y el enfoque correcto, estas personas pueden llevar una vida que consideramos típica y adaptada, aunque no sepan comunicarse socialmente o que sus comunicaciones no sean funcionales para la mayoría de las personas.

Sánchez-Serrano, J. M., Alba-Pastor, C. y Zubillaga del Río, A. (2021). La formación para la inclusión educativa en los títulos de maestro en educación primaria de las universidades españolas. *Revista de Educación, 393,* 321-352.

El artículo presenta un análisis de la formación inicial del cuerpo de maestros en Educación Primaria en 39 universidades públicas españolas. Partiendo de la ley educativa actual, la LOMLOE, se adentra en el concepto de inclusión y la formación del profesorado en atención a la diversidad. Se plantean dificultades para dar un adecuado tratamiento de estos contenidos dada su desigual presencia en los planes de estudios de cada universidad.

... una novela para entretenerse y aprender

Haddon, M. (2003). *El curioso incidente del perro a medianoche* (trad. P. Antón). Salamandra.

Esta novela, de un autor inglés, pero traducida a nuestro idioma, cuenta la historia de Christopher Boone, quien, con 15 años, demuestra un conocimiento superior con relación a las capitales de todos los países del mundo, la teoría de la relatividad y los números primos (¡puede recitar hasta el 7.507!), pero también tiene dificultades para relacionarse con otros seres humanos. Le gustan las listas, los esquemas y la verdad, pero odia el amarillo, el marrón y el contacto físico. Si bien nunca ha ido solo más allá de la tienda de la esquina, la noche que el perro de una vecina aparece atravesado por un horcón, Christopher decide iniciar la búsqueda del culpable. Así es como, siguiendo los pasos de su admirado Sherlock Holmes, inicia una serie de pesquisas que lo llevarán a cuestionar el sentido común de los adultos que lo rodean y a desvelar algunos secretos familiares que pondrán patas arriba su ordenado y seguro mundo.

... y alguna película para AMPLIAR la concepción de la DIVERSIDAD en las escuelas

Cantet, L. (dir.) (2008). *La clase* [Película] [título original: Entre les murs]. Haut et Court.

O'Connor, G. (dir.) (2016). *El contable* [Película] [título original: The accountant]. Electric City Entertainment Advanced Underwriting Concepts.

Penn, A. (dir.) (1962). *El milagro de Anna Sullivan* [Película] [título original: The miracle worker]. Playfilm Productions.

Smith, J. N. (dir.) (1995). *Mentes peligrosas* [Película] [título original: Dangerous minds]. Don Simpson/Jerry Bruckehimer Films.

EJERCICIOS DE AUTOEVALUACIÓN

Completa las siguientes afirmaciones sobre contenidos teóricos o supuestos prácticos relacionados con el capítulo 2:

a) Ana es una niña que está jugando con plastilina. Su madre hace dos pelotas del mismo tamaño con ella y le pregunta si las dos tienen la misma cantidad de plastilina. Ana contesta que sí. Luego su madre aplasta una de las bolas y se lo vuelve a preguntar. Ana contesta que las dos siguen teniendo la misma cantidad de plastilina. Ana se encuentra en la etapa del desarrollo cognitivo de Piaget denominada _____.

b) Mario es un niño de cinco años y siete meses que presenta una discapacidad intelectual moderada, que cursa con problemas de conducta. Atendiendo a lo establecido en la legislación educativa decimos que se trata de un niño que presenta, a nivel escolar, necesidades _____.

c) En su aula, Ramón (profesor-tutor) ha detectado que una de sus estudiantes, María, con frecuencia rechaza tomar su merienda delante de sus compañeros o compañeras e, incluso, que tira o esconde algunos alimentos que presentan mayor contenido calórico. Empieza a sospechar que pueda tratarse de un trastorno psíquico de _____.

d) El equipo de orientación de un CEIP ubicado en el Ayuntamiento de Culleredo ha recibido una solicitud de evaluación, con un protocolo de derivación adjunto, cumplimentado por el profesor-tutor acerca de Edurne, una niña de seis años que parece presentar dificultades con la lectura. Tras celebrarse una reunión por parte de todo el equipo, se decide comenzar un proceso de diagnóstico para indagar sobre las posibilidades y limitaciones que presenta la estudiante en su desarrollo, utilizando para ello instrumentos de evaluación de los procesos de lectura que aplicarán a todo el grupo-clase. Así, podrán identificar y prevenir dificultades en el aprendizaje del conjunto de estudiantes. Por tanto, se está trabajando con la función de diagnóstico _____, actuando a un nivel _____.

e) Para Susana (tutora de 2.º de Educación Primaria) es fundamental prestar atención al bienestar escolar de sus estudiantes, y más concretamente ella suele preguntarles acerca de lo que piensan sobre su experiencia escolar (_____), observa si sus estudiantes acuden contentos al centro y expresan alegría ante las actividades escolares (_____), y también se preocupa por el sentido de eficacia que perciben sus estudiantes, por sus expectativas y propósitos académicos (_____).

INDICA SI SON VERDADERAS O FALSAS LAS SIGUIENTES AFIRMACIONES

Pregunta   V   F

1. Conocer las tareas de conservación, seriación y clasificación de Piaget y cómo aplicarlas es de amplia utilidad para llevar a cabo un diagnóstico operatorio sobre el nivel de construcción del pensamiento en el niño.

2. Para confirmar la sospecha de que un estudiante presenta una alteración del neurodesarrollo (TEA, TDAH, TEL, etc.) se deben producir en él todas y cada una de las características propias de la patología a la que se esté haciendo referencia.

3. El alumnado con altas capacidades representa un grupo internamente homogéneo, aunque heterogéneo en comparación con otros/as niños/as con desarrollo intelectual medio o inferior.

4. Siempre que se produzca agresividad y violencia en un estudiante decimos que existe un trastorno psíquico de conducta, pues se trata de una causa necesaria y suficiente.

5. El referente diagnóstico es la propuesta inicial de evaluación, donde convergen aspectos subjetivos: intenciones, inquietudes, demandas, percepciones y no siempre coinciden en el motivo real a diagnosticar.

6. Características personales como el sexo o la edad del niño evaluado pueden influir en el resultado del proceso diagnóstico.

7. El diagnóstico general tiene una finalidad descriptiva y correctiva (en casos concretos con dificultades de conocimiento profundo del rendimiento escolar de un individuo con dificultades) o bien preventiva (si el alumno no tiene dificultades).

8. Un diagnóstico a un estudiante que presenta dificultades, alteraciones, fracasos reiterados… sobre los que es necesario establecer medidas, se denomina diagnóstico individual.

9. El diagnóstico socioambiental incluye aspectos cognitivos (desarrollo intelectual, aptitudes específicas), motivacionales (expectativas, atribuciones, intereses) y afectivos (historia personal, rasgos de personalidad).

10. La función clasificatoria incluye describir, clasificar y reestructurar.

11. La función preventiva (primaria, secundaria y terciaria) pretende conocer las posibilidades y limitaciones del estudiante a fin de prever su desarrollo y aprendizaje en el futuro.

12. El Decreto 155/2022, en relación con la acción tutorial, establece que las funciones básicas del profesor-tutor son coordinar la intervención educativa del conjunto del profesorado y mantener una relación permanente con la familia.

13. Es responsabilidad del profesorado-tutor el asesoramiento a la comunidad educativa (docentes, familias, estudiantes) en la identificación de necesidades educativas del alumnado, en su valoración, en las medidas educativas a adoptar y en su evaluación.

14. Referirse al desarrollo humano como un fenómeno multicausal implica entender que solo es posible comprender y abordar la diversidad humana si se considera la interacción entre factores personales y ambientales que inciden en su desarrollo.

15. La finalidad de la calidad de vida es lograr el bienestar, el desarrollo personal y la participación de todo el alumnado, en especial del que presenta mayor vulnerabilidad.

Técnicas e instrumentos de recogida de información del proceso diagnóstico 3

INTRODUCCIÓN

El diagnóstico pedagógico debe tener en cuenta: *a*) el desarrollo evolutivo o cambio permanente en el niño; *b*) el contexto socioeducativo (familiar, escolar, comunitario), y *c*) las características evolutivas de esta etapa, que suelen depender de la edad cronológica. La presencia de estas variables, de difícil medición, requiere seleccionar y adaptar herramientas que tenga en cuenta ese *proceso de cambio* continuo en el niño y en su interacción con el entorno y, además, requiere que las personas que desempeñen esta función estén adecuadamente preparadas para realizar esta labor.

La elaboración de un diagnóstico sigue un proceso riguroso y sistemático que abarca diferentes momentos e implica a diferentes agentes; además, estará determinado previamente por el objetivo, en el cual se especificará *a quién* realizar el diagnóstico (niveles de actuación: individual, general, analítico), *quién* lo hará (profesorado-tutor, equipo de orientación o psicopedagógico...), *qué* evaluar (dimensiones: individual, académica, socioambiental)... Una vez tomadas estas decisiones, será posible tratar de dar respuesta a los siguientes interrogantes: ¿qué tipo de información será requerida para lograr ese objetivo u objetivos?, ¿existen datos acerca de esa realidad?, ¿cómo poder recoger esos datos?, etc. Este proceder permitirá fijar las técnicas y los instrumentos de recogida de datos más ajustados a la realidad estudiada.

Se deberá seleccionar las más eficaces para el fin perseguido, sin caer en la tentación de equiparar el diagnóstico pedagógico con el uso de test estandarizados (Suárez, 2011). Por ello, en las siguientes páginas nos centraremos en definir *grosso modo* las técnicas e instrumentos de carácter general que pueden ser de utilidad a la hora de llevar a cabo un diagnóstico para, posteriormente, centrarnos en herramientas de utilidad para la evaluación de las competencias en el aula. Suárez, en una publicación de 2011, refirió el uso de test estandarizados como:

> «una "solución" cómoda y popular, reviste al diagnosticador/a de una pátina de experto/a, la presión comercial del sector es fuerte, etc. No cabe duda de que los test estandarizados pueden ayudarnos a recabar información fiable y válida si son bien seleccionados y utilizados, pero el juicio diagnóstico tiene que basarse en un conocimiento actualizado y experto del diagnosticando (...) ya no se puede sostener la ecuación DIAGNÓSTICO (PSICO)PEDAGÓGICO = APLICACIÓN DE LA PSICOMETRÍA. Hay que ser capaces de aceptar la complejidad de lo educativo —y, en consecuencia, la necesidad de conjugar evidencias cuantitativas y cualitativas—, sin por ello tener que perder ni el optimismo pedagógico ni la vocación de objetividad.»
>
> (Suárez, 2011, p. 7)

1. EL TALLER DEL DIAGNÓSTICO PEDAGÓGICO: TÉCNICAS PROYECTIVAS, OBJETIVAS Y SUBJETIVAS

A través de la metáfora de la subida a una montaña, en el capítulo 2 tratábamos de identificar e inspeccionar todos los elementos clave que debemos tener en cuenta antes de iniciar nuestras acciones: *a quién* (se diagnostica)*, qué* (se diagnostica)*, dónde* (niveles y ámbitos) y *para qué* (finalidad). Ahora nos detenemos en indicar qué herramientas necesitaremos para lograr nuestros fines (véase figura 3.1).

FUENTE: Upklyak para Freepik.

Figura 3.1.—Caja de herramientas del diagnóstico pedagógico.

Hay múltiples formas de clasificar las técnicas e instrumentos de diagnóstico pedagógico. Dueñas (2011) o Pascual (2015) señalan tres: *proyectivas, objetivas* y *subjetivas*. Esta clásica diferenciación es aplicable al conjunto de niveles, ámbitos, situaciones, contextos e individuos que son objetivo del diagnóstico. En lo referente al *sujeto evaluado,* las tres tienen utilidad en el diagnóstico general, analítico e individual y pueden orientarse a evaluar las dimensiones individuales, académica, socioambiental y familiar del estudiante o grupo; pero en lo que respecta a la *persona evaluador,* la normativa que regula el diagnóstico pedagógico (capítu-

lo 1, apartado 3.2) señala algunas limitaciones con las que se encuentra el profesorado-tutor en el proceso diagnóstico. Este agente debe conocer qué técnicas e instrumentos existen en la práctica educativa para evaluar y diagnosticar las necesidades del alumnado, si bien las herramientas que tendrá a su disposición para evaluar serán diferentes a las que usen otros profesionales con competencia para realizar diagnósticos.

1.1. El lápiz y la goma: técnicas proyectivas

Se centran en el análisis del mundo inconsciente de la persona, aspectos de su mundo cognitivo y afectivo que puedan ayudar a su diagnóstico o descripción. Tienen un carácter más clínico, basado en el uso de test no estructurados que permiten obtener información general sobre la personalidad del individuo (a nivel intelectual y afectivo, y de su interacción con el medio), aunque no disponen de un aval científico considerable. Las más conocidas son aquellas que requieren que el niño o la niña realicen un dibujo a través del que se analizarán aspectos de su personalidad, como, por ejemplo, el Dibujo de la figura humana de Machover, el Test H-T-P (casa, árbol, persona), el Test de la Familia o el Test de Pueblo de Arthur y Mabille; también hay otras que requieren que el niño realice verbalizaciones acerca de imágenes, dibujos o situaciones, tales como el Test de Rorschach o el Test de Apercepción Temática (TAT) de Murray o las Fábulas de Düss; y finalmente, las que requieren una respuesta rápida a un estímulo verbal, como el Test de asociación de palabras de Junk, el Test de frases incompletas de Sacks o el de Rotter.

1.2. La regla, la escuadra y el cartabón: técnicas objetivas

El concepto de *técnicas objetivas* se usa para encuadrar a los test antes clasificados como *psi-*

cométricos dada su objetividad a la hora de corregir, puntuar y tipificar el material, pero que tienen la característica adicional de que sus respuestas no son *falseables;* es decir, la persona no puede manejar sus respuestas a voluntad. Entre las técnicas objetivas se encuentran las *cognitivas* (taquitoscopio, cámara oculta, medidas de ilusiones ópticas, medidas de percepción de profundidad), las *motoras* (prueba de enhebrado, test de lápiz y papel...) o *psicofisiológicas* (respuestas electromiográficas, cardiovascular, movimientos oculares, respiración...).

1.3. Los prismáticos: técnicas subjetivas

Técnicas estructuradas y voluntarias en las que se pretende indagar en la percepción de la persona sobre sí misma y sobre su ambiente. La fuente de datos es la persona, el tipo de material suele ser semiestructurado y no enmascarado, la respuesta de la persona es voluntaria (por ende, falseable), el tipo de tarea se basa en la descripción, clasificación o calificación de la propia persona o de otros objetos, y para los análisis e interpretación de la información se emplean procedimientos cualitativos y/o cuantitativos. Las más conocidas son la lista de adjetivos (ACL, de Gough y Helbrun), la técnica de clasificación-Q, la técnica del diferencial semántico y el Test de Repertorios de Constructos de Roles (técnica de la rejilla, de Kelly). Dentro de cada una de estas técnicas encuadraríamos instrumentos ya clásicos en el contexto educativo como son el cuestionario, el test, la entrevista, la observación... También se podría hacer una clasificación más extensa que incluya técnicas psicométricas, técnicas de observación y técnicas de autoinforme (véase figura 3.2).

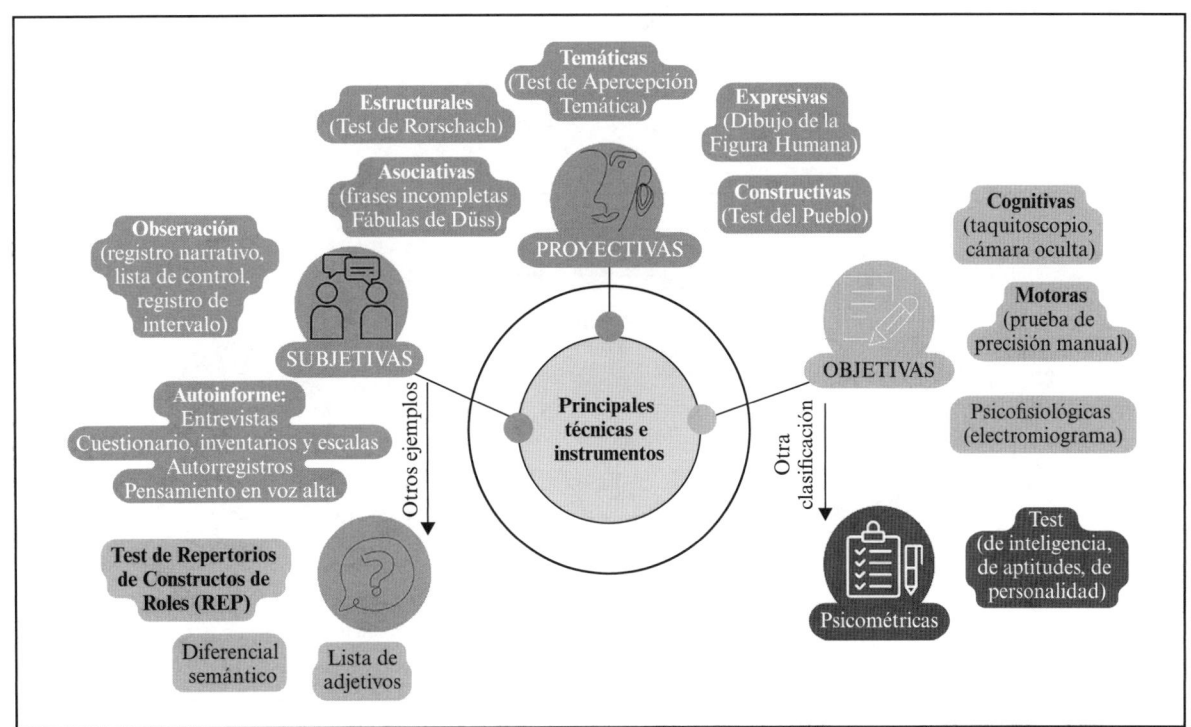

Figura 3.2.—Técnicas e instrumentos de recogida de información.

Por la relevancia de las tres técnicas que se citan en la tabla 3.1, las cuales se introducirían dentro de las clasificaciones de técnicas objetivas y subjetivas, a continuación, se describen, brevemente, como entidades independientes.

2. UNA FORMA ALTERNATIVA DE ORGANIZAR NUESTRA CAJA DE HERRAMIENTAS: TÉCNICAS GENÉRICAS Y HOMÓLOGOS PARA EL USO DEL DOCENTE EN EL AULA

El profesor-tutor, en su labor de detección inicial de necesidades y dificultades de su alumnado, dispone de variedad de herramientas que se pueden clasificar en técnicas psicométricas, de observación y de autoinforme (véase figura 3.3). Destacan por su utilidad en el aula el *check list* (técnica de observación) y el *cuestionario sociométrico* (técnica de autoinforme), que serán explicadas con detalle y ejemplos en este apartado.

2.1. Técnicas psicométricas: del test a la prueba escrita

Los test

Elaborados por procedimientos estadísticos altamente sofisticados, con material rigurosamente estandarizado y tipificado. Muy útiles para estudiar diferencias interindividuales, clasificar individuos y grupos, verificar hipótesis y predecir el rendimiento individual. Algunos ejemplos son las pruebas de inteligencia (WISC, Test de las Matrices Progresivas de Raven, Test del Factor G de Cattell...), e inventarios y test de evaluación de aptitudes diferenciales (verbales, numéricas, espaciales o mecánicas...). Deben ser aplicadas por personal cualificado, que atienda a: *a*) el estado del sujeto antes de su aplicación (descanso, motivación); *b*) las condiciones de aplicación (óptimas, asegurarse de que el sujeto ha entendido qué debe hacer, sin dar orientaciones ni correcciones, a no ser que se indique en el test), y *c*) los resultados (solo entregar a quienes saben interpretarlo y explicados por quien lo realizó).

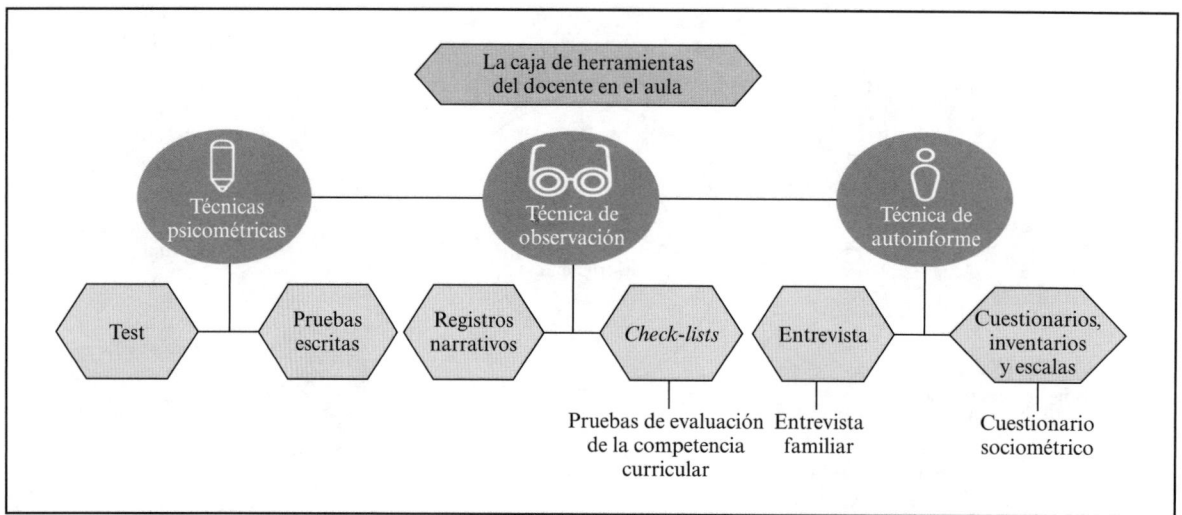

FUENTE: elaboración propia.

Figura 3.3.—Esquema de la caja de herramientas del docente en el aula.

El uso de los test

Durante siglos el uso de test para describir, explicar y predecir el comportamiento humano y la inteligencia han supuesto una clara desventaja para algunos grupos sociales frente a otros. En este enlace se presenta un vídeo sobre el desarrollo e implicaciones de los test en la evaluación y diagnóstico de la infancia:

PARA REFLEXIONAR

Una vez que hayas visto el vídeo, trata de dar respuesta a las siguientes cuestiones:

— ¿Qué otro colectivo, además de la población migrante, puede haberse visto afectado por la forma en que han sido creados y validados los test a lo largo de la historia?
— ¿De qué forma se podría evitar una de las grandes críticas que se realiza en el vídeo a la evaluación psicológica, que se refiere a los defectos técnicos en el diseño de los test?
— ¿Cuáles son las implicaciones éticas del uso de estos test como medidas únicas de clasificación de estudiantes?

Las pruebas escritas

Dado que el profesorado-tutor de aula no puede usar test psicométricos (solo a nivel informativo), una alternativa para el aula son las **pruebas escritas.** Son pruebas estructuradas en pequeñas unidades temáticas, en las que habrá un reactivo y una serie de ítems o preguntas de elección múltiple (elegir una respuesta entre varias opciones),

elaboración (escribir una respuesta a una cuestión formulada), asociación, ordenación... El reactivo contendrá un pequeño texto escrito que describe una situación o problema, o textos discontinuos (gráficos, esquemas, listas...), sobre lo que se harán las preguntas.

La evaluación de la competencia curricular en Educación Primaria

En el blog del Instituto Nacional de Evaluación Educativa, hay ejemplos de pruebas anuales para la evaluación de 3.º y 6.º de Educación Primaria en competencia matemática y lingüística. La información se puede encontrar en:

También existen recursos web con materiales de ayuda al docente para la evaluación en el aula orientada a determinar la posible presencia de alteraciones en algún área curricular (por ejemplo, el blog de recursos para la evaluación de ACIS:

En la actualidad existen numerosos recursos tecnológicos a disposición del docente para la realización de evaluaciones más innovadoras. Algunos ejemplos de ellos pueden ser Cerebriti, Thatquiz, Office Forms, GoFormative, Plickers, Kahoot, Socrative...

2.2. Técnicas de observación: registros y lista de control

Registros narrativos, de intervalo o de calificaciones

El acto de observar a una persona, un acontecimiento, un contexto... es algo natural en nuestra vida diaria. Cualquier situación susceptible de ser evaluada es probable que sea inicialmente detectada a través de una observación, al igual que, una vez se inicia el proceso de diagnóstico y a su finalización, se utilice como técnica complementaria a otras en el proceso de recogida de datos para la elaboración de un informe y, si procede, para la obtención de datos a lo largo de una intervención.

En el terreno educativo se entiende la observación como técnica (otra forma de entenderla sería como método), puesto que se subordina a las directrices de una línea de trabajo que emplea un método determinado para ofrecer información que será complementaria a la aplicación de otras técnicas de recogida de datos (Faragher, 2014; Gronlund y James, 2005). Cuenta con diversidad de instrumentos con mayor o menor sistematicidad para la recogida de información, entre los cuales podemos destacar los registros narrativos (registro anecdótico, registro continuo, diario de campo), registro de intervalo (muestro a tiempo parcial, muestreo a tiempo de intervalo completo, muestro de intervalo de puntos en el tiempo) o registro de calificaciones (registro de conducta a través de una escala de puntos o lista de verificación).

Check list o lista de control

Herramienta útil para registrar la presencia o ausencia de conductas y/o actitudes sin entrar en detalles. En la tabla 3.1 se muestra un *check list* elaborado basándose en información de la web de Orientación Andújar[1].

---

[1] En el blog de Orientación Andújar puedes encontrar multitud de recursos de interés sobre atención, conciencias

2.3. Técnicas de autoinforme: entrevistas, cuestionarios, inventarios y escalas

Resultan de la introspección y la autoobservación. Permiten indagar en opiniones, sentimientos, percepciones... a través de procedimientos indirectos que ofrecen datos de gran relevancia para realizar un análisis pre y posintervención y para identificar áreas conductuales problemáticas. Entre los más conocidos se encuentran la entrevista, los cuestionarios, inventarios y escalas, los autorregistros y el pensamiento en voz alta.

Entrevista

Situación de diálogo entre dos personas (informante y persona que evalúa) para recoger información subjetiva sobre una persona para comprender su perspectiva acerca de diversidad de experiencias profundizando en aspectos a los que no se podría acceder desde instrumentos cuantitativos (Taylor y Bogdan, 1986). Son flexibles y dinámicas, no directivas y abiertas (Seidman, 2019). La entrevista al alumnado (más común en la ESO) suele ser individual, semiestructurada y dirigida a conocer aspectos de su aprendizaje y personalidad para establecer pautas de acción u orientación, u obtener información complementaria a otras técnicas. Las entrevistas con familias son un modo idóneo de comunicación sobre el proceso educativo del niño (Faragher, 2014). Pueden ser individuales (un solo progenitor) o colectivas (varios miembros de la unidad familiar), y de carácter informal, abiertas o semiestructuradas

---

fonológica y semántica, escritura creativa, razonamiento lógico, competencia matemática, inteligencia... para las etapas de Educación Infantil y Primaria. Aquí puedes consultarlo:

TABLA 3.1

Ejemplo de check list

Ciclo de Educación Primaria		
Nombre del alumno/a: Curso escolar:		
Habilidades sociales y autonomía personal	**Sí**	**No**
Va al baño de forma adecuada.		
Se lava y se suena cuando lo necesita.		
Cuida de su ropa y efectos personales.		
Abrocha y desabrocha botones y cremalleras.		
Ata y desata lazadas.		
Es cuidadoso y ordenado con los materiales propios.		
Es cuidadoso y ordenado con los materiales ajenos.		
Comparte sus cosas.		
Come sin derramar alimento, bebe cuando ha tragado y para hablar espera a tragar lo que tiene en la boca.		
Pide ayuda o se defiende cuando es agredido o se encuentra en situación de peligro.		
Se comunica con los adultos de forma adecuada.		
Es respetuoso con los adultos.		
Respeta las normas aprendidas.		
Cesa en una actividad si se le llama la atención.		
Es constante en su trabajo y se esfuerza por superar las dificultades.		
Acepta que le corrijan cuando hace algo mal.		
Participa en los juegos y actividades del grupo de manera adecuada.		
Es aceptado en el grupo.		
Guarda su turno para ser atendido o pedir algo.		
Desarrollo psicomotor	**Sí**	**No**
Recorta con tijeras cambiando de dirección.		
Realiza figuras sencillas de plastilina, fijándose en un modelo.		
Rellena con color figuras sin salirse de los límites.		
Controla la prensión y la presión del lápiz.		
Combina colores con sentido estético.		
Conoce y nombra las partes del cuerpo.		
Dibuja la figura humana con cabeza, tronco, brazos, piernas, manos, pies, ojos, nariz, boca, orejas, pelo.		
Relaciona los sentidos corporales con sus respectivos órganos y funciones.		
Realiza las cosas con la mano derecha/izquierda.		

TABLA 3.1   *(continuación)*

Ciclo de Educación Primaria		
Distingue en sí mismo las partes derecha e izquierda.		
Distingue en otros y en un dibujo de la figura humana las partes derecha e izquierda.		
Sabe desplazarse hacia la derecha-hacia la izquierda.		
En una representación gráfica reconoce arriba, abajo, delante, detrás, lejos, cerca, derecha, izquierda.		
Sabe situar una acción en el presente, pasado o futuro.		
Distingue y comprende: ayer, hoy, mañana, rápido, lento.		
Ordena una historia con tres imágenes o más.		
Lenguaje	**Sí**	**No**
Escucha con atención cuando le hablan.		
Ejecuta dos o más órdenes seguidas.		
Escucha cuentos e historietas cortas y puede relatar lo esencial de lo escuchado.		
Sabe decir su nombre, apellidos, fecha de nacimiento, domicilio.		
Describe acciones de la vida diaria.		
Narra un hecho pasado o futuro con vocabulario apropiado y orden adecuado en las ideas.		
Expresa sus sentimientos y necesidades verbalmente.		
Mantiene un diálogo coherente.		
Articula correctamente en lenguaje espontáneo las sílabas: directas, inversas, trabadas, mixtas, diptongadas.		
Habla sin cometer errores de omisión, sustitución o inversión en fonemas o sílabas.		
Describe formas y aspectos físicos de personas, animales y objetos familiares.		
Conoce y nombra las vocales.		
Lee sílabas directas con: m, p, d, b, v, n, l, s, ch, ñ, ll, y, f, x, «c, q, k», «c, z», «g, j, gu», «r, rr».		
Lee palabras con sílabas inversas.		
Lee palabras con sílabas trabadas.		
Interpreta el valor del punto, la interrogación y la exclamación.		
Lee un párrafo sin silabear, con entonación y ritmo adecuados.		
Lee sin cometer errores de omisión, inversión o sustitución de grafemas o sílabas.		
Coge correctamente el lápiz.		
Tiene una postura corporal adecuada para escribir.		
Escribe la grafía correspondiente a cada fonema (mayúscula y minúscula) siguiendo la dirección adecuada.		
Escribe palabras con sílabas directas, inversas, mixtas, trabadas...		
Escribe palabras sencillas al dictado, respetando la ortografía natural.		

TABLA 3.1 *(continuación)*

Ciclo de Educación Primaria		
Escribe palabras sin cometer errores de inversión, omisión o sustitución.		
Copia frases sin juntar palabras.		
Escribe espontáneamente oraciones descriptivas sencillas sin juntar palabras.		
Usa correctamente las mayúsculas al principio de un escrito, después de punto y en nombres propios.		
Usa correctamente el signo de interrogación.		
Presenta su escrito de forma clara, ordenada y legible.		
Matemáticas	**Sí**	**No**
Nombra hasta diez colores.		
Clasifica y ordena imágenes de objetos en «grandes, medianos, pequeños», «altos, bajos», «cortos, largos».		
Tiene adquiridos conceptos de «vacío, mediano, lleno», «todo, nada», «mucho, poco».		
Cuenta mecánicamente: *hasta 10 *hasta 50 *hasta 100 *hasta 1.000		
Lee cantidades: *hasta 10 *hasta 50 *hasta 100 *hasta 1.000		
Escribe al dictado: *hasta 10 *hasta 50 *hasta 100 *hasta 1.000		
Ordena números: *hasta 10 *hasta 50 *hasta 100 *hasta 1.000		
Realiza sumas sin llevadas con los números que conoce.		
Realiza sumas con llevadas con los números que conoce.		
Coloca varios sumandos y realiza la operación.		
Realiza restas sin llevadas con los números que conoce.		
Resuelve problemas sencillos del entorno, aplicando la suma.		
Resuelve problemas sencillos del entorno, aplicando la resta.		
Resuelve problemas sencillos del entorno, combinando suma y resta.		
Conoce las monedas más usuales.		
Conoce los días de la semana.		
Conoce los meses del año.		
Conoce las estaciones del año.		
Conoce las horas del reloj: en punto y media.		
Conoce, de forma elemental, las unidades de medidas de longitud, capacidad y masa: metro, centímetro, litro, kilo.		
Sigue itinerarios y laberintos sobre el papel.		
Conoce las formas geométricas elementales: triángulo, círculo, cuadrado, rectángulo.		
Conoce los cuerpos geométricos: esfera, cono, prisma y cilindro.		
Recoge y registra datos sencillos en una tabla de datos.		
Interpreta diagramas de barra sencillos.		

TABLA 3.1 *(continuación)*

Ciclo de Educación Primaria		
Conocimiento del medio	**Sí**	**No**
Describe y representa su identidad personal y corporal: nombre, nacimiento, residencia, rasgos personales...		
Enumera y localiza las partes más significativas del cuerpo humano.		
Relaciona los órganos de los sentidos con las sensaciones.		
Se orienta en el espacio a través del propio cuerpo.		
Recoge información sobre los orígenes familiares y sobre los cambios producidos en su propio cuerpo.		
Identifica y describe los grupos de los que forma parte.		
Reconoce y aprecia su pertenencia a grupos sociales.		
Se comporta de acuerdo con los hábitos de salud y cuidado personal.		
Observa y describe las características de los animales.		
Localiza, descubre y expresa sentimientos y situaciones a través de los distintos lenguajes.		
Acepta y respeta los sentimientos que expresan los compañeros de clase.		
Observa, describe y compara edificios, acciones y personas del barrio.		
Identifica los principales elementos del entorno social: casa, colegio, barrio, pueblo.		
Identifica objetos y recursos de información y comunicación.		
Comprende y produce informaciones sobre los distintos oficios y profesiones.		
Observa, describe, reconoce y valora los servidos públicos.		
Observa y describe las características de las plantas.		
Identifica los ambientes naturales: llanura, montaña, costa, etc.		
Respeta y cuida el medio ambiente.		
Educación física	**Sí**	**No**
Identifica los segmentos corporales.		
Domina el espacio anterior y posterior.		
Reconoce la orientación de objetos en relación a sí mismo.		
Realiza desplazamientos a distintas velocidades.		
Lanza y recibe con precisión objetos.		
Ejecuta distintas clases de saltos.		
Realiza los distintos tipos de giros.		
Respira correctamente.		
Ejecuta las técnicas sencillas de relajación.		
Educación artística	**Sí**	**No**
Conoce los elementos de la composición plástica: punto, línea, círculo, color.		

TABLA 3.1   *(continuación)*

Ciclo de Educación Primaria		
Participa en actividades de canto y baile.		
Utiliza las técnicas de recorte, picado, pintura, *collage,* témpera...		
Distingue y reproduce sonidos.		
Utiliza instrumentos de pequeña percusión.		
Desarrolla el esquema corporal a través de la instrumentación y el movimiento.		
Desarrolla la educación musical.		
Aprende canciones de forma secuenciada y detallada.		
Caracteriza e interpreta personajes.		

FUENTE: elaboración propia a partir de la información de la web Orientación Andújar.

para obtener información de la situación familiar, intercambiar datos sobre el estudiante, diseñar un plan de actuación escuela-familia, ofrecer orientaciones (ver ejemplo en la tabla 3.2).

TABLA 3.2

Ejemplo de entrevista a familias

Datos de identificación del alumno o alumna	Datos relativos a la entrevista:
Nombre y apellidos: Lugar y fecha de nacimiento: Centro educativo: Modalidad de escolarización:	Nombre de la persona realizadora: Fecha de la entrevista: Nombre de la/s persona/s entrevistada/s: Tipo de parentesco:
Datos biológicos y evolutivos relevantes	
— Antecedentes personales (enfermedades, ingresos hospitalarios previos, tratamientos) y familiares. — Desarrollo psicomotor: aspectos relevantes sobre el inicio de la marcha, agilidad, tono muscular... — Control de esfínteres: momento de adquisición, control diurno y nocturno. — Desarrollo del lenguaje: emisión de primeras palabras y frases, dificultades, niveles de comunicación. — Otros: se muerde las uñas, se tira del pelo, chupa objetos, tiene tics... — Hábitos de autonomía: alimentación, vestido, aseo, orden en sus cosas...	
Datos escolares	
— Inicio de la escolarización: — Cambios de centro: ha habido cambios de colegio, han tenido repercusión de dichos cambios en su desarrollo cognitivo, emocional y social, cómo ha sido la adaptación. — Cursos repetidos: ha repetido algún curso, qué ha motivado que haya repetido, cómo ha afectado a su desarrollo cognitivo, emocional y social, cómo ha sido la adaptación. — Horario de permanencia en el centro:	

TABLA 3.2   *(continuación)*

— Realización de actividades extraescolares:
— Comunicación familia-docentes: cómo se produce, por qué canales, con qué frecuencia...
— Otros datos relevantes.

Datos familiares

— Datos personales: nombre y contacto de padres/tutores legales, lugar de nacimiento y edad, estudios y ocupación.
— Situación familiar: relación entre los progenitores, con el/la menor, con la/s persona/s con que convive.
— Persona con la que el/la menor tiene mejor relación y persona que se responsabiliza de él/ella más directamente (en su educación, en sus cuidados básicos, en el acompañamiento al centro educativo).
— Dedicación al alumno o alumna de los miembros de la familia.
— Consenso entre progenitores en la educación del/de la menor.
— Sucesos recientes que puedan influir en el estudiante: nacimiento de un hermano o hermana, fallecimiento de una persona cercana o familiar, separación, traslado a un nuevo domicilio...
— Resolución de conflictos en la familia: cómo se solucionan.

Relaciones sociales

— Relaciones con profesores y compañeros dentro del entorno escolar: qué expresa el alumno sobre su relación con compañeros o compañeras y profesorado, existencia de un compañero o una compañera cercano o preferido.
— Relaciones con docentes y compañeros fuera del entorno escolar: tiene amistades fuera de la escuela, acude al parque de forma regular o realiza alguna actividad en la que participe con compañeros o compañeras.
— Relaciones con el entorno: cómo es un día en la vida del menor, cómo es un día de fiesta...

Intereses del/de la estudiante

Problemas que detecta la familia en el/la estudiante y a qué los atribuye

Cualidades del alumno desde el criterio de cada miembro de la unidad familiar

Otros datos de interés

Las entrevistas con el profesorado pretenden obtener la mayor información posible sobre una situación del estudiante. Pueden ser individuales (profesor-profesor) o reuniones grupales, como las que se celebran en el claustro de profesores, o bien ante algún caso particular. La dinámica de este diálogo suele ser abierta.

 **La importancia de los relatos... ¿Cómo conocer mejor a nuestros estudiantes?**

Los relatos sobre las experiencias de las personas (profesionales, familias, estudiantes...) nos acercan a la comprensión sobre lo que sienten, piensan, opinan y les preocupa.

Andrew Solomon, escritor estadounidense, presenta los resultados de sus conversaciones con docenas de padres y madres a los que preguntó ¿cuál es el límite del amor y la aceptación incondicional? *Andrew Solomon: Love, no matter what | TED Talk.*

Emilie Weight es la madre de un hijo afectado por el síndrome del cromosoma X frágil (trastorno genético). Las diferencias de su hijo la obligaron a cuestionar su interior y su papel en el mundo y, así, al dejar de tratarlo como un paciente, descubrió sus verdaderas cualidades de superhéroe. *Emilie Weight: 3 things I learned from my intellectually disabled son | TED Talk.*

Adora Svitak es, desde los siete años, una escritora de cuentos y bloguera. Ahora, con 12 años reflexiona sobre el «pensamiento infantil» y la necesidad de introducirnos en ese mundo de ideas audaces, creatividad salvaje y optimismo, para comprender y aprender de los niños, tanto como se les enseña a ellos. *Adora Svitak: What adults can learn from kids | TED Talk.*

 PARA REFLEXIONAR

Escuchar y ver estos relatos puede ser un buen ejercicio para practicar la escucha activa y para la reflexión sobre lo que hay «más allá» de lo que se dice (elementos ocultos del discurso, del lenguaje no verbal...).

En la charla de Solomon se presenta un discurso centrado en el papel de las familias y su labor de crianza cuando el hijo o hija es diferente al padre o madre en algún aspecto fundamental (un prodigio, un niño con capacidades diferentes, un delincuente...). Cabe preguntarse, al respecto de sus aportaciones:

— ¿Qué papel juegan las familias en la configuración de las identidades?
— ¿A qué hace referencia Solomon al referirse a las identidades verticales y horizontales?
— ¿Qué quiere poner de relieve al aludir a identidades que «la gente casi siempre ha tratado de curar»?

El discurso de Emilie encaja en la reflexión de Solomon sobre el papel de las familias en la búsqueda de una identidad social para sus hijos/as. Frente a la idea de la homogeneización para ajustarse a la *normalidad*, reclama el reconocimiento del valor que aportan las personas con diversidad funcional a la sociedad. Entonces:

— ¿Cuál es el motivo que lleva a que Emilie discrepe con respecto a la idea de que el «diagnóstico sea interpretado como el fin del mundo»?, ¿cómo rebate este argumento? ¿Qué efecto puede tener el discurso de Emilie acerca del concepto de «discapacidad» y sobre cómo este debería ser entendido?
— ¿Qué características de las personas con discapacidad, según Emilie, «añaden valor a nuestra sociedad»? ¿Qué opinión tienes al respecto?

Por último, en el vídeo de Adora se observa la otra cara de la moneda, la de la infancia, y la de que esta sea también escuchada a la hora de tomar decisiones que les afectan y les involucran. ¿Cuál es el reclamo que hace Adora Svitak al mundo adulto? ¿Cómo lo justifica? ¿Estás de acuerdo con la idea de que, en ocasiones, el mundo necesita cierto «pensamiento irracional»?

Cuestionarios, inventarios y escalas

Autoinformes estructurados y sistematizados, que constan de una serie de preguntas en relación con las preferencias, comportamientos, opiniones, sentimientos... a las que el/la estudiante puede responder (por lo general, por escrito) de varias formas: *a*) de forma dicotómica (sí/no) o nominal: **cuestionarios;** *b*) anotando el grado de conformidad o rechazo a través de respuestas ordinales o de intervalo: **escalas,** o *c*) indicando los temas según las preferencias del estudiante, que se puede expresar de forma nominal y ordinal: **inventarios.** La forma de diferenciarlos es atendiendo a cómo han sido elaborados y cómo se ha configurado su respuesta.

Los tres son muy útiles para el docente en el aula, al permitir estudiar las percepciones de sus estudiantes acerca de su bienestar escolar y detectar problemáticas en el grupo-clase. Merece aquí una especial mención una herramienta con gran utilidad para el diagnóstico de grupo: **el cuestionario sociométrico.** Es una herramienta creada para medir relaciones interpersonales, describir las estructuras grupales y cambios en el comportamiento social. La base que sustenta el uso de este instrumento es la *sociometría,* y la representación gráfica de las relaciones se realiza a través del *sociograma* (Charczuk et al., 2013; ver ejemplos en la tabla 3.3).

TABLA 3.3

Ejemplo de cuestionario y matriz sociométricos

Ejemplo de cuestionario sociométrico
A continuación, debes responder a las siguientes preguntas referidas a las personas que están en tu clase: 1. ¿A qué tres personas invitarías a tu fiesta de cumpleaños? 2. ¿A qué tres personas no invitarías a tu fiesta de cumpleaños? 3. ¿Qué tres personas crees que te invitarían a su fiesta de cumpleaños? 4. ¿Qué tres personas crees que no te invitarían a su fiesta de cumpleaños?

Ejemplo de matriz sociométrica

	Ana	Pepe	Óscar	Lucas	Lucía	Paco	Tania	Sonia
Ana		1	(1)	(2)	2	(3)	()	3
Pepe	1		1	(2)	(2)	(3)	3	
Óscar	(2)	1		()	(3)	1	2	(3)
Lucas	3	(1)	2		3	1	2	
Lucía	1	(3)	()	1		2	2	(3)
Paco	(1)	(2)	(1)	(2)	3		3	()
Tania	2	(3)	1	1	(2)	3		
Sonia	(1)	1	(2)	3	3	2	()	

TABLA 3.3   *(continuación)*

	Ejemplo de matriz sociométrica incluyendo los índices sociométricos											
	Ana	Pepe	Óscar	Lucas	Lucía	Paco	Tania	Sonia	NEE	NRE	XPG	XNG
Ana		1/	(1)	(2) /	2	(3) /	()	3 -	3	3	3	1
Pepe	1/		1	(2) *	(2)	(3)	3		3	3	2	1
Óscar	(2)	1		()	(3)	1	2 -	(3) *	3	3	4	0
Lucas	3/	(1)	2		3	1	2		3	3	0	1
Lucía	1	(3)	()	1		2	2	(3) -	3	3	2	1
Paco	(1) /	(2)	(1)	(2)	3		3	()	3	3	3	2
Tania	2	(3)	1 -	1	(2)	3			3	3	0	2
Sonia	(1) * -	1	(2)	3	3 -	2	()		3	3	2	1
NER	6	5	1	3	3	3	3	0				
SER	10	8	2	6	8	7	7	0				
NRR	1	2	5	3	4	4	2	3				
SRR	1	4	6	10	10	8	5	9				
XPI	3	2	2	2	2	1	1	2				
XPIA	2	1	2	1	1	1	1	1				
XNI	0	2	1	1	2	1	0	0				
XNIA	0	1	2	1	1	1	0	1				
NRP	3	1	0	1	0	1	0	0				
NRN	1	0	1	0	1	0	1	1				
XNF	1	0	0	1	0	0	0	1				

Pasos para realizar un estudio sociométrico

a) **Diseño de un cuestionario sociométrico:** debe contener varias preguntas que se refieran a posibles elecciones y rechazos del sujeto hacia otros miembros del grupo.

b) **Elaboración de la matriz sociométrica:** para organizar los resultados del cuestionario se elabora una tabla de doble entrada en donde se organizan las respuestas (elecciones, rechazos, expectativas de elección y de rechazo). Las filas y columnas son encabezadas por los nombres de los/las participantes (también se puede usar un número o una inicial). Una vez diseñada la matriz, se deben ir situando las respuestas de la siguiente forma:

— *Elecciones positivas* (filas): en cada fila, encabezada por un sujeto, se busca la columna del compañero elegido. Se sitúan las tres primeras elecciones.

— *Rechazos* (filas): al igual que las elecciones positivas, pero se utiliza otro color (por ejemplo, rojo) para diferenciarlo.

— *Expectativas de elección* (por columna): se usan paréntesis para representar; si hay ya un número, se encierra en el paréntesis, pues se cumplieron las expectativas. En este caso, no importa el orden de elección.

— *Expectativas de rechazo* (por columna): se realiza igual que con las expectativas de elección, pero se emplea un paréntesis en otro color (por ejemplo, rojo).

---

c) **Análisis de los resultados en la matriz:** a continuación, se deben calcular los índices sociométricos (horizontales y verticales) (véase tabla 3.4).

d) **Dibujo del sociograma:** tras calcular todos los índices sociométricos, se hace la representación gráfica de los resultados. Dada la complejidad para presentar todos los índices de forma legible, solo se usan las elecciones recíprocas positivas y/o la primera elección (NER) y las recíprocas negativas y/o el primer rechazo (NRR) (véase figura 3.4).

TABLA 3.4

Índices sociométricos verticales y horizontales

Índices sociométricos verticales: elecciones y rechazos	
NER (número elecciones recibidas)	Suma de todas las elecciones recibidas por la persona, atendiendo a su columna. No se tiene en cuenta la magnitud, pues todas las elecciones valen 1.
SER (suma elecciones recibidas)	Suma de todos los valores de aceptación, por columna, atendiendo al valor asignado a cada celda; es decir, se tiene en cuenta la posición (1.ª elección, 2.ª elección...)
NRR (número rechazos recibidos)	Suma por columnas de todos los rechazos, asignándoles a todos el valor 1.
SRR (suma rechazos recibidos)	Suma de todos los valores de rechazo, según el valor asignado a cada celda.
Índices sociométricos verticales: expectativas	
XPI (número expectativas positivas)	Suma por columnas de paréntesis en negro de la persona que encabeza la columna, representando el pensamiento de ser aceptado por el grupo (expectativas positivas). A menos paréntesis, menos seguro estará de ser aceptado.
XPIA (número expectativas positivas acertadas)	Suma por columnas de todos los paréntesis en negro que tengan un dígito dentro. Demuestran la percepción de la persona, hasta qué punto sus expectativas se cumplieron.
XNI (número expectativas negativas)	Suma por columnas de todos los paréntesis en rojo de la persona que encabeza la columna, sin tener en cuenta su interior. Cuantos menos paréntesis, menos seguro estará de ser aceptado en el grupo.
XNI (número expectativas negativas acertadas)	Suma por columnas de todos los paréntesis en rojo de la persona que encabeza la columna, sin tener en cuenta su interior. Cuantos menos paréntesis, menos seguro estará de ser aceptado en el grupo.
Índices sociométricos verticales: reciprocidad y falsas expectativas	
NRP (número elecciones recíprocas positivas)	Suma por columnas de todos los paréntesis en negro de la persona que encabeza la columna, representando el pensamiento de ser aceptado por el grupo (expectativas positivas). A menos paréntesis, menos seguro estará de ser aceptado en el grupo.
NRN (número elecciones recíprocas negativas)	Suma por columnas de todos los paréntesis en negro que tengan un dígito dentro. Demuestran la percepción de la persona, hasta qué punto sus expectativas se cumplieron.
XNF (número falsas expectativas)	Suma por columnas de todos los paréntesis en rojo de la persona que encabeza la columna, sin tener en cuenta su interior. Cuantos menos paréntesis, menos seguro estará de ser aceptado en el grupo.

TABLA 3.4   *(continuación)*

Índices sociométricos horizontales	
NEE (número elecciones emitidas)	Suma, por filas, el número de veces que una persona que encabeza la fila eligió a otras. Representa su expansividad positiva. Un elevado NEE y numerosas elecciones indican una elevada sociabilidad.
NRE (número rechazos emitidos)	Suma, por filas, cuántas veces aparece esa persona con dígitos rojos. Rechazar mucho a otras personas y también ser muy rechazado indica baja sociabilidad (expansividad negativa).
XPG (número expect. positivas grupo)	Suma del número de paréntesis negros en cada fila. Representa el número de personas que esperan ser elegidas por otras.
XNG (número expect. negativas grupo)	Suma del número de paréntesis rojos por filas. Indica el número de personas que esperan ser rechazadas por sus iguales.

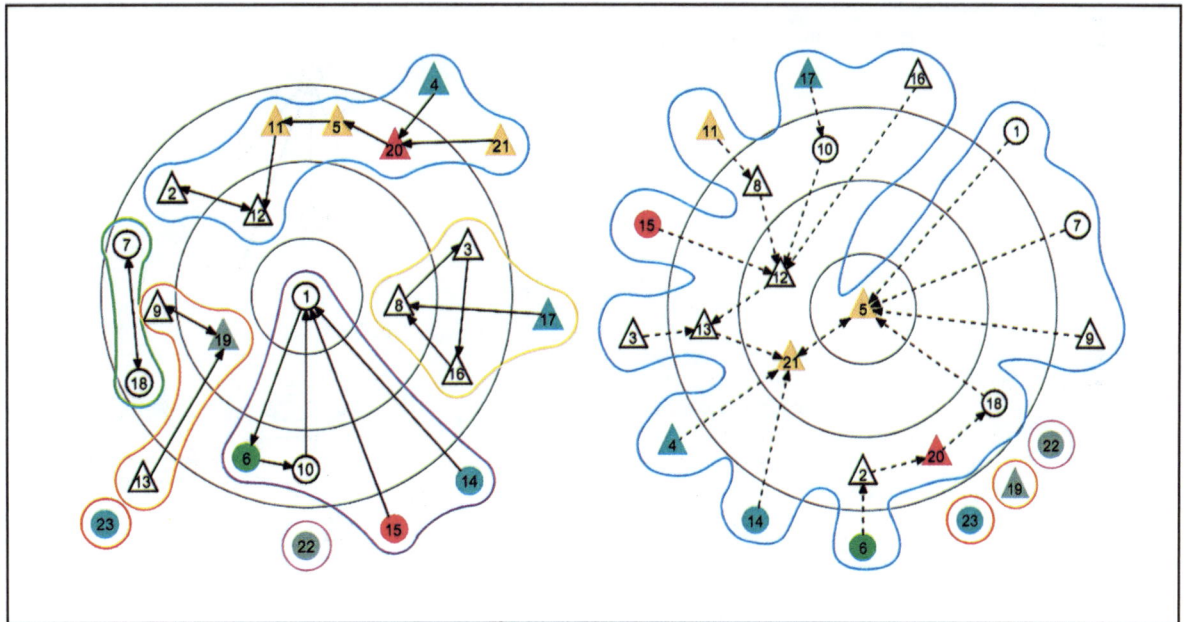

FUENTE: elaboración propia.

Figura 3.4.—Ejemplo de la representación de primera elección (izquierda) y primer rechazo (derecha).

El dibujo del sociograma consta de tres círculos concéntricos en los que se colocan los sujetos en función de las respuestas de sus compañeros o compañeras. En el círculo interior estarán individuos más significativamente positivos (más populares y con más elecciones recibidas), en el intermedio los no significativos y en el exterior los significativamente negativos (o aislados). Normalmente, se usa un triángulo para representar a los hombres y un círculo para las mujeres.

La representación de las **elecciones** se basa en rasgos continuos (aunque también se pueden usar colores: negro, azul o verde) mientras que los **rechazos** se representan mediante trazos discontinuos o en rojo.

El último paso que realizar es la **interpretación.** Un aspecto clave para interpretar la figura es que se dice que el grupo está más *cohesionado* cuantas más elecciones recíprocas haya, mientras que la *falta de relación o de conflicto* se representa a través de rechazos recíprocos, y la *cohesión o dispersión del grupo* se analiza en función del balance de fuerzas, al valorar de forma conjunta las elecciones y los rechazos recíprocos. En la interpretación se tienen en cuenta las representaciones individuales (véase tabla 3.5) y las grupales (véase tabla 3.6).

TABLA 3.5

Figuras sociométricas: interpretación de resultados individuales

Representaciones individuales		Ejemplos de la figura 3.4
Popular	Persona que recibe muchas elecciones.	El sujeto 1 recibe 3 elecciones.
Líder sociométrico	Persona que logra comunicarse con todos los miembros del grupo mediante cadenas de difusión. Puede ser un catalizador de las relaciones sociales, generando reacciones grupales distintas, por lo que se debe: a) Estudiar el peso de las influencias de los electores del líder. b) Analizar el tipo de liderazgo, evitando que el líder se haga con las iniciativas grupales y/o que existe un liderazgo impuesto por miedo o coacción. c) Indagar acerca de la posibilidad de que haya liderazgo en situaciones especiales (cada ámbito puede generar líderes distintos). d) Comprobar la presencia de **vicelíderes** (líderes en potencia), que actúen como rivales del líder o bien como asesores de su confianza sin brillantez social, pero con influencia indirecta en el grupo.	El sujeto 12 es el que, con mayor economía, se comunica con sus compañeros o compañeras. Él es elegido por dos personas (sujetos 2 y 11). Este último, a su vez, es elegido por 5, que es elegido por 20 y este, por 4 y 21. También se puede señalar la existencia de un posible vicelíder en el sujeto 20, quien también se comunica de forma efectiva con el conjunto de sujetos citados.

TABLA 3.5 *(continuación)*

Representaciones individuales		Ejemplos de la figura 3.4
Eminencia gris	Persona ignorada o rechazada por el grupo, pero elegida por la figura popular.	En el ejemplo se da esta situación en el sujeto 6, representado en el fragmento de la figura presentada en la representación de «popular».
Ignorado	Persona que, aun emitiendo un número medio de elecciones, recibe muy pocas o ninguna del grupo. Estudiar esta figura requiere comprobar las respuestas de los otros participantes a las tres posibles elecciones (matriz sociométrica).	Es el caso de los sujetos 14 y 15 del primer fragmento de figura presentado, o del 4 y el 21 en el segundo fragmento.
Olvidado	Persona que no recibe ninguna elección.	 Los sujetos 22 y 23 no reciben elección.
Desatendido	Persona que emite muchas elecciones, pero recibe pocas.	Para comprobarlo hay que acudir a la matriz, ya que no se representa visualmente en el sociograma.
Rechazado	Persona que recibe muchos rechazos del grupo. Se pueden dar varios casos: — *Rechazado parcial:* recibe más rechazos que elecciones. — *Rechazado integral:* solo recibe rechazos. Esta persona suele anticipar consecuencias más positivas si usa estrategias agresivas o antisociales, y peores resultados con las prosociales, que puede conducirle a desarrollar conductas agresivas. Se debe indagar en las causas del rechazo, que pueden estar en dificultades para adaptarse a los roles de la vida en grupo, a la incapacidad para establecer relaciones simétricas de colaboración e intercambio de control, a la falta de habilidad para expresar aceptación o tendencia a expresar rechazo, o a la necesidad de llamar la atención.	Centrándonos en el sociograma de rechazos, diríamos que el sujeto 5 es el más rechazado, seguido por los sujetos 21 y 12. En el caso de 5 y 12 se trata de un rechazo parcial (puesto que reciben elecciones) y en el de 21 sería total (no recibe ninguna elección).
Solitario	Persona que no emite ninguna elección, aunque sí puede ser elegido; por ejemplo, que se nieguen a cumplimentar el cuestionario.	De nuevo se da en los sujetos 22 y 23 del sociograma de elecciones.

TABLA 3.6

Figuras sociométricas: interpretación de resultados grupales

Representaciones grupales		Ejemplos de la figura 3.4
Díada o pareja	Dos personas que se eligen mutuamente.	 En el sociograma se representa con una flecha bidireccional.
Cadena	Sucesión de elecciones entre varias personas, sin tener que haber elecciones recíprocas.	Se observa la sucesión 4, 20, 5, 11, 12, 2, así como 21, 20, 5, 11, 12, 2.
Triángulo	Cadena de elecciones que unen tres elementos del grupo A, B y C, que se eligen entre sí. Suelen formar un grupo muy unido y compacto, y tener gran influencia en la dinámica grupal, siempre que uno de ellos actúe como puente. Además, la existencia de muchos subgrupos ayudaría a observar si el grupo está disgregado, poco cohesionado, si hay enfrentamientos entre sí...	 Se da la elección de 3 a 16, de 16 a 8, y de 8 a 3.
Cliqué	Estructura sociométrica que se compone de tres o más sujetos que se eligen mutuamente entre sí.	En el ejemplo propuesto se daría esta situación en el caso de que 16 eligiese también a 3, 8 a 16 y 3 a 8.
Islas	A partir de algunas de las relaciones grupales antes mencionadas, se pueden dar casos de islas; es decir, observadores de los sucesos del grupo que no tienen implicación en los objetivos comunes, y de los que es necesario intervenir para ampliar su percepción social y participación integrándolos en	Se produce especialmente en los sujetos 22 y 23, pero también habría que prestar atención a los sujetos 4, 21, 14 y 15.

TABLA 3.6 *(continuación)*

Representaciones grupales	Ejemplos de la figura 3.4
pequeñas cadenas, o agrupando varias islas o sujetos aislados.	

La interpretación del sociograma y de los índices obtenidos permiten definir el **estatus sociométrico** del estudiante, pero por supuesto es necesario tomar los resultados con cautela y contrastarlos con fuentes de información adicional, como puede ser una entrevista al estudiante, a su familia y a sus profesores, algún inventario o escala adicional que refleje sus percepciones y sensaciones acerca de su bienestar en la escuela, o incluso llevar a cabo dinámicas grupales que permitan abordar con el grupo-clase las problemáticas existentes en el aula.

Autorregistros y pensamiento en voz alta

Los autorregistros permiten evaluar muy diversos tipos de conducta que el estudiante registra a través de algún medio. El estudiante se hace consciente de su conducta y, a través de una hoja de papel (o bien algún dispositivo tecnológico), debe registrar la conducta seleccionada en el momento de producirse, siguiendo el procedimiento que se le indique. Se emplea en situaciones naturales (véase tabla 3.7).

De forma muy similar, el pensamiento en voz alta supone un autorregistro cognitivo del estudiante, quien recoge información en el momento de manifestarse las conductas, pero en este caso se refiere a la evaluación de distorsiones cognitivas, supuestos básicos, actitudes, respuestas emocionales... y que se analizan en el momento exacto en que se produce la conducta (véase tabla 3.8).

TABLA 3.7

Ejemplo de autorregistro

Fecha	Situación	¿Qué pensé?	¿Qué hice?	Emoción	Consecuencias	Alternativa
Indicar momento.	Breve descripción de la situación.	Motivos de la conducta.	Actos realizados.	Sensaciones experimentadas durante/tras la acción.	Efectos posteriores a la acción.	Alternativa más beneficiosa, a la vista de las consecuencias.
21/05/2021	He tardado en levantarme, aunque mamá me llamó varias veces.	Me apetece quedarme en cama, aunque luego no tendré tiempo para desayunar.	Me quedé un rato más, y luego no me dio tiempo a desayunar antes del cole.	Satisfacción por el tiempo descansado. Angustia por no tener tiempo para desayunar. Malestar físico por no desayunar.	Me duele el estómago y no me encuentro bien porque no he desayunado.	Acostarme un poco antes, y así estaré más descansado para el día siguiente levantarme a tiempo.
01/06/2021	Me he enfadado con mi amigo porque me ha cogido mi juguete sin pedírmelo.	No me gusta que me coja mis cosas sin permiso.	Dejé de hablarle y le quité el juguete porque es mío.	Enfado. Tristeza. Frustración.	No me hablo con mi amigo, y no me siento contento, aunque tenga el juguete en mi poder.	En realidad, no necesitaba ese juguete. Aun así, en vez de enfadarme hablaré con él para que me pida las cosas.

TABLA 3.8

Ejemplo de pensamiento en voz alta

Fecha	Situación	Emoción	Pensamiento automático	Respuesta racional	Resultado
Indicar el momento	Describir: *a*) acontecimiento que suscita la emoción desagradable, y *b*) recuerdo que motivó esa emoción desagradable.	Especificar: triste, ansioso, enfadado... Indicar la intensidad de la emoción (0-100).	Anotar los pensamientos automáticos que surgen ante la emoción Evaluar el grado de creencia (0-100%).	Anotar una respuesta racional. Evaluar el grado de creencia (0-100%).	Reevaluar el grado de creencia en pensamientos automáticos (0-100). Especificar y evaluar (0-100) las emociones subsiguientes.
04/02/2021	Pensar en todos los deberes que tengo para el fin de semana.	Ansiedad (60).	No conseguiré hacerlos todos. Es demasiado trabajo (100%).	Otras veces he tenido deberes, y los he logrado acabar (80%).	25% pensamiento automático. 20% ansiedad.
07/03/2021	Mi amiga me ha llamado para contarme su problema de hoy en el cole.	Culpable (70).	Debí darme cuenta de que estaba triste en clase (90%).	No me habría llamado si estuviera enfadada (95%).	10% pensamiento automático. 20% culpabilidad.

3. ORGANIZANDO LA CAJA DE HERRAMIENTAS DEL DOCENTE EN EL AULA: ¿QUÉ EVALUAR DE NUESTROS ESTUDIANTES Y CON QUÉ HACERLO?

A partir de las directrices establecidas por la Unión Europea en relación con la necesidad de que los ciudadanos adquieran un desarrollo pleno a nivel social, personal y profesional ajustado a las demandas del mundo globalizado, las leyes educativas españolas han enumerado y descrito las competencias clave que todo estudiante debe haber adquirido una vez finalice su etapa académica. El docente será responsable de comprobar los progresos del estudiante y el grado de adquisición de dichas competencias, de modo que debe tener recursos para evaluarlas y para detectar posibles dificultades y/o carencias.

En el apartado anterior se especificaron recursos de carácter genérico para el diagnóstico pedagógico y otros que el docente puede emplear para hacer evaluaciones informales. A continuación, nos centramos en aquellos que son útiles para el profesor-tutor en una etapa inicial de detección de necesidades y/o evaluación de capacidades.

3.1. Áreas clave y herramientas de evaluación y detección en Educación Infantil

En Educación Infantil no se establece a nivel legislativo de forma explícita la consideración de las competencias, pero sí se señala que en esta etapa «se sientan las bases para el desarrollo personal y social de las niñas y los niños y se integran aprendizajes que están en la base del logro de las competencias que se consideran básicas para todo el alumnado» (Orden ECI/3960/2007, anexo I). El desarrollo infantil se entiende como globalidad, si bien una evaluación funcional y ordenada requiere su división en áreas, entre las que Pascual (2015) diferencia el desarrollo motor, cognitivo y social, mientras que Méndez et al. (2006) los disgregan en cuatro áreas: perceptivo-cognitiva, de comunicación y lenguaje, motora y afectivo-social. Entonces, ¿cómo podemos conocer el nivel de desarrollo en cada una de ellas?, ¿qué aspectos se deben estudiar? La tabla 3.9 recoge una descripción de los aspectos clave a evaluar.

En la tabla 3.9 se recogen los aspectos de la evaluación relativos al desarrollo evolutivo del menor, si bien también sería necesario contemplar

TABLA 3.9

Áreas del desarrollo infantil e instrumentos para su evaluación

Área	Elementos que evaluar
Perceptivo-cognitiva	La forma en que el niño o niña juega e interactúa con los objetos, la capacidad de imitación y atención, conocimiento del esquema corporal, niveles perceptivos, reconocimiento de los conceptos espaciotemporales, desarrollo del pensamiento lógico, simbolización.
Comunicación y lenguaje	Capacidades previas, como praxias, respiración, deglución, masticación, discriminación auditiva y capacidad articulatoria; comunicación gestual (nivel de comprensión y expresión), lenguaje oral (nivel de comprensión y expresión).
Motora	Dos niveles: *a)* Motricidad gruesa (control postural, giros, posiciones, coordinación dinámica general, equilibrio estático, equilibrio dinámico). *b)* Motricidad fina (coordinación manual, coordinación oculomanual, habilidades manipulativas, dominancia lateral, grafomotricidad).
Afectivo-social	Se evalúa su autonomía personal y social, hábitos de alimentación, higiene y aseo, vestido, respeto de normas, interacción con adultos e iguales.

otros como el nivel de competencia curricular y el estilo de aprendizaje. Para llevar a cabo la evaluación de dichos aspectos existen diversos instrumentos que pueden ser de ayuda al maestro o maestra, como por ejemplo la **Guía Portage de la Educación Preescolar** o la **Escala Observacional del Desarrollo de Secadas (EOD),** entre otros, que sirven como recurso para llevar a cabo una observación sistemática de las conductas del niño o la niña en estas áreas. Si bien estos aspectos deben evaluarse en la Educación Infantil, muchos pueden ser objeto de atención en etapas posteriores, pues la ausencia o déficit en la adquisición de alguno puede pasar desapercibido y aflorar de forma visible en Primaria.

3.2. Competencias y áreas de evaluación y detección en Educación Primaria

La Orden ECD/65/2015 establece las competencias, contenidos y criterios de evaluación de la Educación Primaria, Secundaria Obligatoria y Bachillerato. Estas son: Comunicación Lingüística (CCL), Competencia Matemática y Competencias básicas en Ciencia y Tecnología (CMCT), Competencia Digital (CD), Aprender a Aprender (CPAA), Competencias Cívicas y Sociales (CSC), Sentido de la Iniciativa y Espíritu Emprendedor (SIE), y Conciencia y Expresiones Culturales (CEC). En estas se recoge un conjunto amplio y complejo de conocimientos, actitudes y destrezas que sirven como guía para configurar el currículo. Su complejidad dificulta ofrecer unas nociones precisas sobre cómo enfocar su evaluación tanto para comprobar los progresos del estudiante como para detectar posibles dificultades.

Un acercamiento a los indicadores e índices que pueden ser de utilidad al docente en la observación inicial de la conducta de sus estudiantes se presenta en la tabla 3.10. Estos indicadores solo son ejemplos, aunque pueden existir otros (por ejemplo consultar Gronlund y James, 2005), y no es necesario que se den todos ellos en un estudiante. Lo que hacen es darnos pistas de aspectos de desarrollo personal, social, conductual y emocional que pueden estar alterados en el alumnado. Otros aspectos de carácter transversal sobre los que es necesario poner atención se señalan en la figura 3.5.

TABLA 3.10

Indicadores e índices clave para observar conductas en el aula de Educación Primaria

Indicador	Descripción del indicador	Posibles índices a observar
Aprendizaje de la escritura	Dificultades en el proceso de aprendizaje de la escritura, desde la comprensión de la organización de lo que se escribe a través de los que se ve, espacio que ocupa la escritura y postura al escribir.	— Mala ortografía, puntuación y uso de mayúsculas. — Dificultad para retener ideas en la memoria. — Dificultades para leer.
Aprendizaje de la lectura	Dificultades en el aprendizaje de la lectura (velocidad, comprensión y precisión).	— Errores por adición (árabol), omisión (ábol), inversión (perferido), rotación (vado), sustitución (plado).
Articulación y pronunciación	Complicaciones en la pronunciación de sonidos o palabras, tendencia a cometer errores o sustituir sonidos, alterar el ritmo y fluidez verbal, repeticiones de palabras, sílabas o frases, interrupciones bruscas y con bloqueo.	— Errores por sustitución (rata-lata), distorsión (cardo-carro), omisión (trada-entrada), inversión/adición (oculate-chocolate).

TABLA 3.10 *(continuación)*

Indicador	Descripción del indicador	Posibles índices a observar
Desarrollo motor y del lenguaje	Dificultades en el desarrollo y movimiento del cuerpo (caminar, saltar, escribir o recortar), así como descoordinación, falta de equilibrio y dificultad en actividades manuales.	— Pobres destrezas motoras gruesas (saltar, correr, abrazar...) y finas (escribir, separar, recortar...). — Vocabulario limitado, con abuso de genéricos («cosa»).
Razonamiento verbal	Dificultades en el razonamiento y reflexión de contenidos verbales, para definir conceptos con palabras y vocabulario según la edad cronológica.	— No relaciona palabras e imágenes. — No comprende pasado y futuro. — No interviene en conversaciones.
Razonamiento numérico	Dificultades en la capacidad de trabajar con datos o conceptos numéricos para extraer la conclusión lógica y correcta. Incluye problemas para entender símbolos asociados a los números (+, −, ×, %) y el modo de emplearlos para resolver problemas.	— No clasifica objetos por forma y color. — No reconoce diferencias visuales entre número o formas geométricas. — No resuelve operaciones sencillas. — No identifica primero-último-en medio.
Memoria	Dificultades en la codificación, almacenamiento y recuperación de información cuando desea o necesita para actividades que exigen guardar y procesar al mismo tiempo la información.	— Olvidos frecuentes, problemas de atención y se pierde al ejecutar tareas completas.
Aprendizaje del cálculo	Dificultades en el proceso de comprensión de problemas matemáticos, espaciales y de orientación relacionados con la interpretación, memorización y cálculo numérico.	— Confunde el símbolo + y −. — Dificultad al razonar la solución de problemas matemáticos y cálculo mental. — Confusión de número (6-9) o número sonido similar (6-7) e inversiones (69-96).
Nutrición y alimentación	Complicaciones en la pronunciación de sonidos o palabras, tendencia a cometer errores o sustituir sonidos, alterar el ritmo y fluidez verbal, repeticiones de palabras, sílabas o frases, interrupciones bruscas y con bloqueo.	— Errores por sustitución (rata-lata), distorsión (cardo-carro), omisión (trada-entrada), inversión/adición (oculate-chocolate).
Visión	Dificultades relativas a la percepción y/o calidad de lo que se ve y que ocasionan que el niño tenga problemas para repetir las palabras, diferenciar unos sonidos de otros...	— Desvía un ojo. — Se acerca o aleja excesivamente de juguetes, libros, pantallas o papeles. — Se frota los ojos repetitivamente, tiene parpadeo frecuente y/o orzuelos.
Audición	Dificultades en la percepción y diferenciación de sonidos y/o la calidad de estos, que ocasiona que el niño tenga problemas para ver palabras, colores, repetir palabras, diferenciar unos sonidos de otros.	— No entiende órdenes sencillas sin apoyo visual. — Tiene problemas para repetir frases. — No sabe contar qué le pasa. — Repite ¿qué? con mucha frecuencia. — Le falta atención y concentración.

TABLA 3.10 *(continuación)*

Indicador	Descripción del indicador	Posibles índices a observar
Flexibilidad mental, social y conductual	Carencias en habilidades de comunicación verbal y no verbal que le permiten relacionarse, adaptarse a situaciones cambiantes y comprender a las personas que le rodean en su entorno.	— Interés absorbente por ciertos temas. — Gran lentitud al ejecutar tareas. — Habilidades inusuales en ciertas áreas. — Limitaciones y anomalías en el uso de gestos. — Pocas habilidades deportivas.
Atención e impulsividad	Dificultades relacionadas con el control de impulsos, la capacidad de atención, la inestabilidad emocional y la intranquilidad motora.	— Dificultad para concentrarse y prestar atención. — Poca paciencia, responde sin pensar, tiene mala caligrafía y organización. — Hiperacividad, cambios frecuentes de postura, habla sin cesar.
Comunicación social y empatía	Dificultades en habilidades de relación y comunicación interpersonal (problemas en la relaciones sociales, escasa comprensión y cumplimiento de normas, baja capacidad empática...).	— Lenguaje/vocabulario repetitivo. — Sensibilidad extrema a ciertos sonidos, texturas, olores y sabores. — Ensimismamiento y poca habilidad de comunicación no verbal.
Procesamiento de información no verbal	Dificultades en el procesamiento, comprensión y transmisión de información no verbal (expresiones de la cara, gestos, volumen y tono de voz...).	— Dificultades para comprender adivinanzas, chistes, frases complejas y textos escritos. — Aislamiento social.
Altas capacidades	Indicios de capacidades por encima de los niveles usuales de pensar, procesar y expresar información. Se incluyen aquí gran actividad física y mental, curiosidad incesante, motivación, perfeccionismo en temas de interés... podría tratarse de una posible precocidad intelectual, de mentes brillantes, talentosas y superdotadas.	— Aprendizaje autodidacta desde la primera infancia (lectura, escritura). — Interés vivo por temas existenciales de la vida, muerte, justicia... — Aburrimiento agudo ante la monotonía y lo repetitivo. — Gran facilidad para aislarse en su mundo interior.
Problemas de comportamiento en el aula	Comportamientos desafiantes, o que ignoran o discuten órdenes procedentes de figuras de autoridad de forma recurrente y persistente, poniendo a prueba los límites y mostrando hostilidad hacia compañeros y/o personas adultas.	— Es desafiante, molesta y/o provoca buscando enfrentamiento. — Presenta pasividad, hostilidad e, incluso, puede que conductas agresivas.

La técnica básica para una detección inicial de posibles alteraciones es la observación, ya descrita anteriormente (ver apartado 3.2). A través de ella se pueden ir seleccionando y/o diseñando instrumentos de observación de los más generales a otros más específicos (figura 2.8) que sean de utilidad al docente para conocer las necesidades de sus estudiantes.

4. UN RECURSO PARA LA OBSERVACIÓN, ANÁLISIS Y DETECCIÓN EN EL AULA: EL JUEGO

Finalizamos este capítulo aludiendo al **juego** como estrategia para la observación del alumnado en el desarrollo de tareas y en la interacción, para la evaluación de comportamientos y, por supuesto,

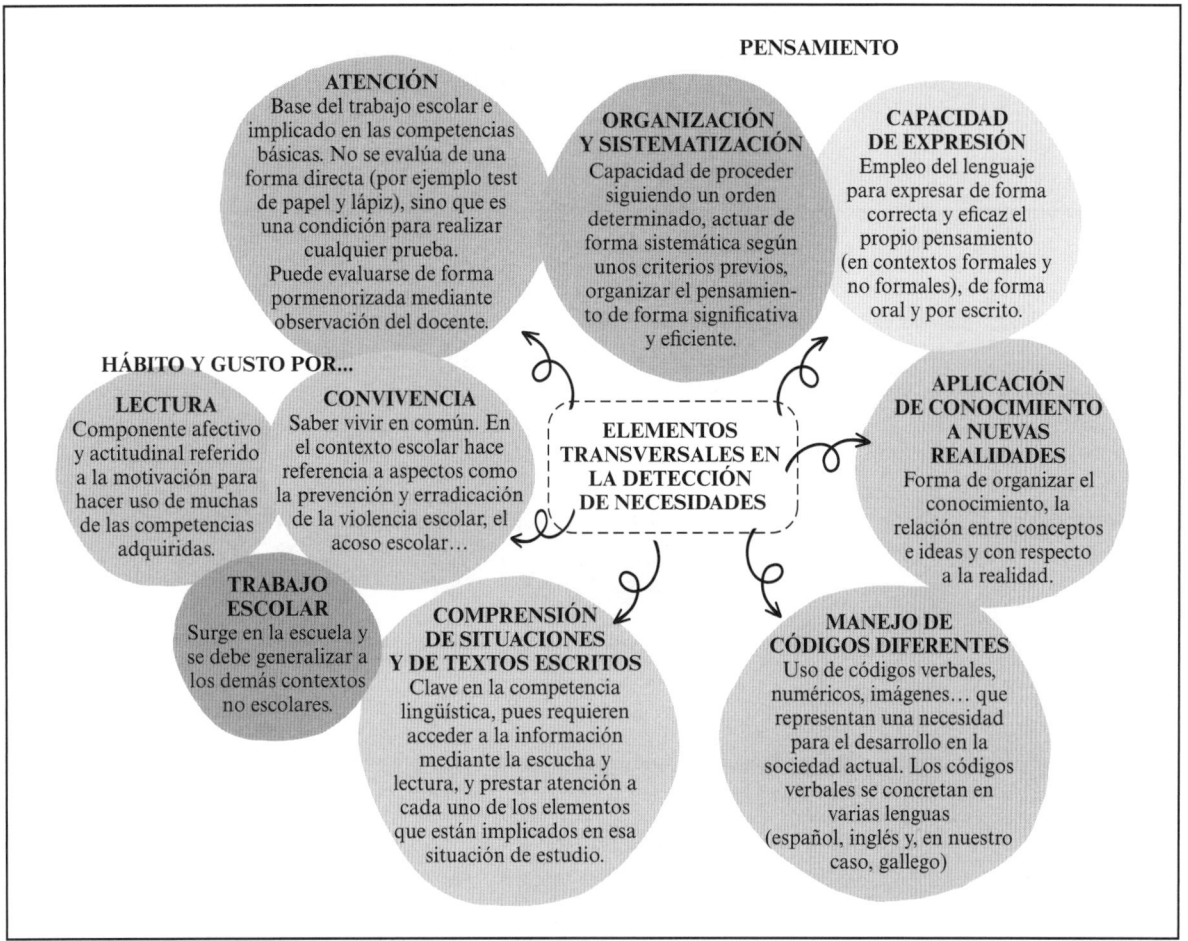

Figura 3.5.—Elementos transversales en la detección inicial de necesidades/dificultades en el aula.

para la intervención. El juego es una actividad que requiere que tanto la persona adulta como el niño empleen su inteligencia y experimenten con diferentes formas de combinar el pensamiento, el lenguaje y la fantasía (Bruner, 1986). Los niños aprenden jugando, interactuando con los elementos de su entorno a través de una participación de manera práctica, haciendo cosas por sí mismos (Britton, 2000). Además, el juego cooperativo es una ayuda para desarrollar competencias sociales (solidaridad, ayuda recíproca, apoyo, empatía) (Baña y Losada-Puente, 2019; Loos y Metref, 2007).

Evaluar y valorar al alumnado a través del juego puede ser de gran utilidad a la hora de evitar problemas y dificultades derivados de la ansiedad que pueden experimentar los escolares ante pruebas de papel y lápiz, el desinterés por participar en las pruebas o que acontece ante pruebas excesivamente largas... (Moreno, 2016; Rosas et al., 2015). Es posible recurrir a juegos que permitan analizar los procesos de adquisición de la lectoescritura, el razonamiento verbal, numérico y espacial, el aprendizaje del cálculo, la memoria... En ocasiones puede resultar tan sencillo como darle «una vuelta» a los juegos tradicionales (Trivial, Scrabble, Memory, Bingo, La Ruleta de la Suerte...), utilizando para ello recursos tecnológicos innovadores, o incluso haciendo al propio estudiante partícipe de su diseño; otras veces pueden utilizarse dinámicas grupales que permitan realizar evaluaciones grupales (grupos de discusión, lluvias de ideas, grupos focales, mapas conceptuales...).

Evaluar y mejorar el aprendizaje a través del juego

La web ofrece múltiples recursos donde se pueden encontrar diversidad de juegos para trabajar en el aula y para que el docente pueda comprobar el nivel de conocimiento inicial de sus estudiantes:

Web RecursosTic elaborada en colaboración entre el Ministerio de Educación, Cultura y Deporte y el Instituto Nacional de Tecnologías Educativas y de Formación del Profesorado:

Blog Imágenes educativas:

— 10 estrategias para realizar una evaluación diagnóstica:

— Evaluación diagnóstica en todos los cursos de Educación Primaria:

LECTURAS Y RECURSOS AUDIOVISUALES: PARA SABER MÁS

Documentos científicos para completar la formación...

Núñez Partido, J. P. y Jódar Anchía, R. (2010). La integración socio-afectiva de los niños con síndrome de Down en las aulas de integración y de educación especial. *Revista de Educación, 353,* 549-569.

A través del uso de un sociograma, en este trabajo se compara la integración socio-afectiva de los niños con síndrome de Down en aulas de integración frente a centros de educación especial, de 18 colegios de la Comunidad Autónoma de Madrid.

O'Reilly, N. (2019). Tell me the story: marginalization, transformation, and school-based restorative practice. *Internacional Journal of Educational Research, 94,* 258-167. https://doi.org/10.1016/j.ijer.2019.01.002

Las prácticas restaurativas en las escuelas son una alternativa eficaz para la resolución de conflictos, como el acoso escolar. La cuestión sobre la marginación de los estudiantes en las escuelas es un tema sobre el que todavía existe un conocimiento limitado, si bien puede ampliarse a través del estudio autobiográfico, permitiendo que los propios niños nos den su versión de la historia. Este artículo defiende una reconceptualización de la práctica reparadora que entiende la «historia» como un medio para una metamorfosis, o recreación, del yo.

Rebollo-Quintela, N., Losada-Puente, L. y Mendiri, P. (2020). Percepciones familiares acerca del bienestar escolar en la infancia. En G. Gómez García, M. Ramos Navas-Parejo, C. Rodríguez Jiménez y J. C. de la Cruz Campos (eds.), *Teoría y práctica en investigación educativa: una perspectiva internacional* (pp. 983-995). Dykinson.

La investigación sobre el bienestar escolar de la infancia escolarizada en Educación Infantil es escasa, y más aún en la que se estudia la percepción de las familias. Con este estudio, se dio voz a un grupo de familias para indagar qué piensan acerca de lo que puede afectar al bienestar escolar de sus hijos.

... una novela para aprender

Solomon, A. (2013). *Far from the tree: Parents, children and the search of identity.* Simon and Schuster.

Andrew Solomon, escritor y conferenciante estadounidense sobre temas relativos a la política, la cultura y la psicología, ha escrito esta obra sobre la *excepcionalidad,* esa condición humana que nos diferencia y al mismo tiempo, nos une. Escribe sobre familias que afrontan la presencia de sordera, enanismo, síndrome de Down, TEA, esquizofrenia... en sus hijos. Aunque cada una de estas características es potencialmente aislante, la experiencia de la diferencia dentro de las familias es universal, y Solomon documenta los triunfos del amor sobre los prejuicios.

Toda la crianza de los hijos gira en torno a una cuestión crucial: hasta qué punto los padres deben aceptar a sus hijos por lo que son, y hasta qué punto deben ayudarles a convertirse en su mejor yo. Basándose en diez años de investigación y en entrevistas con más de trescientas familias, Solomon extrae la elocuencia de personas corrientes que se enfrentan a desafíos extremos.

... y algún documento visual para reflexionar

Solís García, P. (dir.) (2014). *Cuerdas* [Cortometraje]. La fiesta PC.

L'association Noémi (2015). *Los ojos de un niño* [Vídeo] [título original: Les yeux d'un enfant]. L'association Noémi.

EJERCICIOS DE AUTOEVALUACIÓN

Completa las siguientes afirmaciones sobre contenidos teóricos o supuestos prácticos relacionados con el capítulo 3:

a) Con la intención de conocer con mayor detalle las habilidades y el rendimiento de sus estudiantes, Susana se propone aplicar un _____ de inteligencia; no obstante, se da cuenta de que no se encuentra suficientemente formada ni preparada para aplicarlo de forma adecuada, por lo que decide optar por la aplicación, al aula completa, de una _____.

b) Enrique (profesor-tutor de un aula de 1.º de EP) ha estado recogiendo, durante cuatro semanas, información sobre su alumna, Claudia, puesto que, con frecuencia, se olvida de sus tareas, se distrae en la clase (mira por la ventana, juega con algún objeto) y no logra terminar muchas de las tareas (empieza una tarea y, sin finalizarla, inicia otra, aunque haya quedado incompleta la anterior). Quiere reunirse con la familia para comentarle esta situación y ver si se produce en otros contextos, pero antes le gustaría asegurarse un poco más. Ha utilizado la técnica de _____ recogiendo información mediante un _____, dado que se centra en momentos concretos (por ejemplo, cuando se les manda una tarea).

c) Cuando se reúna con la familia, Enrique preparará una _____ con el fin de recoger e intercambiar información y aproximarse a un posible plan de acción conjunta escuela-familia.

d) Mario es un docente de un aula de 3.º de Educación Primaria. A medida que ha avanzado el primer trimestre, ha ido observando que las relaciones entre el propio grupo de alumnos no son buenas y necesita identificar cuál puede ser el problema. Para hacerlo, seleccionará en su caja de herramientas el _____.

e) Ana propone realizar una actividad en el aula. Coloca unos aros en el suelo y unas sillas en el medio. Los niños solo pueden pisar dentro de los aros, mientras bailan al ritmo de la música. En cuanto se para la música, deben buscar una silla en la que sentarse rápidamente. Además de su carácter lúdico, esta actividad es un recurso de observación, análisis y detección en el aula, que denominamos _____ y que, en este caso, permitirá a Ana comprobar el desarrollo de la motricidad gruesa de sus estudiantes.

INDICA SI SON VERDADERAS O FALSAS LAS SIGUIENTES AFIRMACIONES

Pregunta	V	F
1. El profesor-tutor no tiene posibilidad de hacer uso de test psicométricos, pudiendo usarlos únicamente a nivel informativo, pero nunca para diagnosticar al alumnado.	☐	☐
2. Los autoinformes facilitan datos como el análisis previo y posterior a la acción y la identificación de áreas conductuales problema.	☐	☐

3. Las entrevistas al alumnado tienen como objetivo único obtener el máximo de información posible sobre la problemática del alumno, su situación y su dificultad a través de una relación clara, funcional y positiva con el profesor.

4. Los condicionantes del proceso diagnóstico son el contexto socioeducativo, el desarrollo evolutivo individual y las características evolutivas de la etapa.

5. Las *check lists* o listas de control son herramientas útiles para registrar la presencia o ausencia de conductas y/o actitudes sin entrar en detalles.

6. Las técnicas subjetivas son estructuradas y obligatorias, en las que se pretende indagar en la percepción de la persona sobre sí misma y sobre su ambiente.

7. En el caso de la entrevista dirigida al alumnado, se recomienda que esta sea estructurada y rígida.

8. Para la correcta aplicación del cuestionario sociométrico se exige que los miembros del grupo se conozcan para escoger/rechazar siguiendo algún criterio.

9. Las pruebas escritas permiten al profesorado-tutor recoger información subjetiva sobre sus estudiantes, para comprender su forma de ver la diversidad de experiencias y situaciones, expresándose con sus propias palabras.

10. Al hacer un sociograma en el aula encontramos que un estudiante emite muchas elecciones, pero recibe muy pocas. Este estudiante se dice que está desatendido.

11. Los cuestionarios, escalas e inventarios se diferencian entre sí en la forma en que han sido elaborados y el tipo de respuesta que solicitan.

12. Las técnicas proyectivas ofrecen respuestas fácilmente falseables porque el niño, en todo momento, conoce la relación que existe entre las preguntas y su mundo interno. Un ejemplo es la realización de los dibujos de la prueba Casa-Árbol-Persona (HTP).

13. En las representaciones sociométricas grupales nos referimos a la cliqué cuando hacemos referencia a dos niños que se eligen mutuamente.

14. Si nuestro objetivo es observar una serie de conductas especificando, únicamente, si se producen o no se producen, lo más correcto es emplear una *check list*.

15. Cuando el docente está realizando una evaluación de su clase mediante observación de conductas durante un juego que él ha propuesto, se dice que está realizando una observación no participante.

El informe de diagnóstico educativo

4

INTRODUCCIÓN

La realización de un diagnóstico concluye con la elaboración de un informe en el que se recoge, de forma organizada, la situación evolutiva y educativa del estudiante en los diferentes contextos o entornos que han sido objeto de atención (desarrollo individual, entorno familiar, grupo-clase, centro educativo, contenidos de aprendizaje...). Dicho documento deja constancia, además, de unas líneas generales para la orientación e intervención (Pascual, 2015). Metafóricamente, podríamos referirnos al libro o cuento que narra la «historia» escolar de nuestro o nuestra estudiante (véase figura 4.1), o el «manual básico» que informa de algunos aspectos clave sobresalientes y mejorables del estudiante, que permita a quienes lo lean tomar decisiones sobre cómo apoyarle y ayudarle para continuar o cómo redireccionar el camino para que pueda construir la siguiente parte de su historia con la mayor calidad de vida posible.

El objetivo último de la elaboración de ese «cuento» es ampliar y/o mejorar el conocimiento sobre el comportamiento del escolar, de una forma rigurosa y contextualizada en un ambiente concreto (Dueñas, 2010). Es importante recordar lo abordado en el capítulo 1 de la normativa estatal y autonómica, en la que se diferencia entre el **informe de evaluación individualizada** (de carácter inicial, procesual y final), que debe realizar el profesorado-tutor de Educación Infantil y Primaria, y que

refleje el proceso de valoración y observación del alumnado, de los **informes de diagnóstico,** en los que se identifica y determina la presencia de necesidades educativas en el estudiante, y se especifican las medidas educativas a adoptar, que corresponden al departamento de orientación y, en su caso, a los equipos de orientación específicos (EOE).

Figura 4.1.—Metáfora del cuento.

1. COMENZAMOS A DOTAR AL CUENTO DE CONTENIDOS: ELABORACIÓN E INTERPRETACIÓN DEL DIAGNÓSTICO

A la hora de elaborar un informe es necesario tener en cuenta sus dos elementos característicos:

por un lado, que se trata de una *actividad técnica* en la que se incluyen elementos personales, técnicos, materiales y formales con una planificación y estudio previo; y por otro lado, que facilita un *proceso de actuaciones*, dado que supone una secuencia sistemática y organizada de fases sucesivas e independientes (Cardona et al., 2006; Dueñas, 2010; véase figura 4.2).

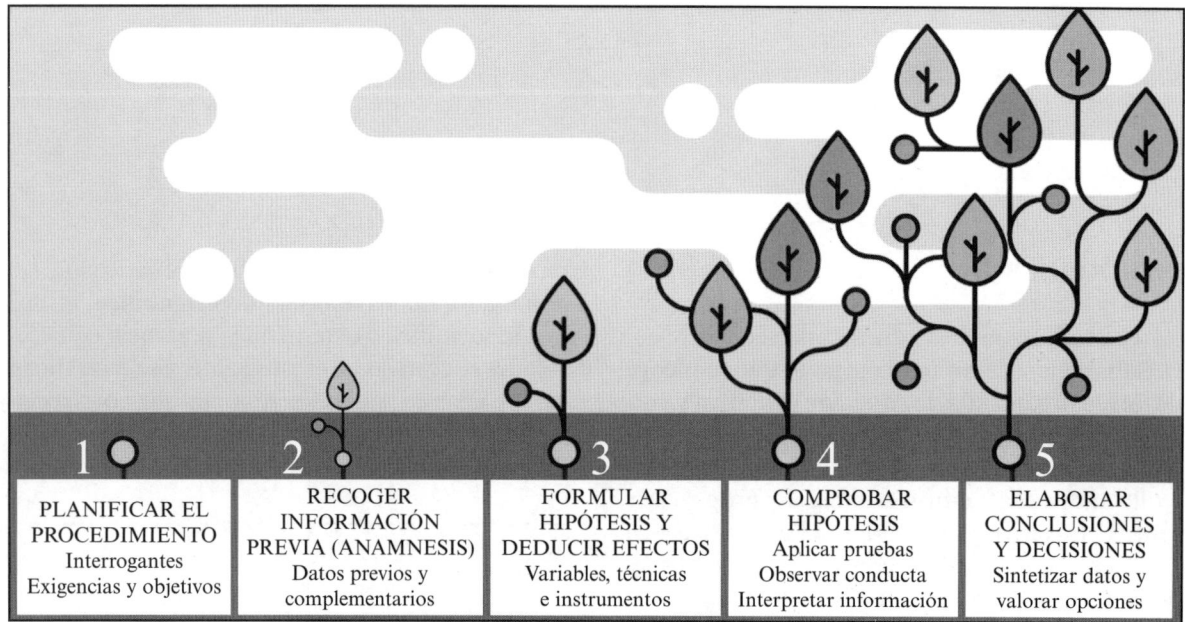

1 PLANIFICAR EL PROCEDIMIENTO Interrogantes Exigencias y objetivos	2 RECOGER INFORMACIÓN PREVIA (ANAMNESIS) Datos previos y complementarios	3 FORMULAR HIPÓTESIS Y DEDUCIR EFECTOS Variables, técnicas e instrumentos	4 COMPROBAR HIPÓTESIS Aplicar pruebas Observar conducta Interpretar información	5 ELABORAR CONCLUSIONES Y DECISIONES Sintetizar datos y valorar opciones

Figura 4.2.—Secuencia de acciones en el proceso diagnóstico.

Planificar el procedimiento: formular los interrogantes, determinar las exigencias en relación con la demanda formulada y plantear los objetivos (generales y específicos) que motivan la realización del proceso diagnóstico.

Recoger la información previa (anamnesis): desde los datos previos del sujeto, personales, escolares y familiares, datos complementarios según la etapa educativa.

Formulación de hipótesis y deducción de posibles consecuencias: selección de las variables relevantes para estudiar, planificación del procedimiento de recogida de datos, selección de las técnicas e instrumentos en función de los objetivos, las características del sujeto, el contexto y la modalidad de diagnóstico seleccionada.

Comprobación de hipótesis: aplicación de las pruebas y análisis de los resultados, anotación de las conductas observadas durante la aplicación, interpretación de toda la información conjuntamente.

Elaboración de conclusiones y toma de decisiones: síntesis de todos los resultados para una toma de decisiones en función de los objetivos propuestos y del marco teórico de referencia.

Este último paso representa el logro de la finalidad explicativa del conocimiento diagnóstico sobre un hecho, una necesidad, un problema o una situación, y deberá ser trasladado o comunicado a las personas interesadas e implicadas.

2. LA NARRACIÓN DE LA HISTORIA: PRESENTACIÓN DE LOS RESULTADOS

El informe del profesorado-tutor tendrá un carácter formativo y orientador para los centros e informativo para las familias y para el conjunto de la comunidad educativa (Pérez-Nievas, 2006). Para los **centros,** los resultados obtenidos les permitirán, por un lado, adecuar mejor las actuaciones e intervenciones a cada estudiante según las necesidades detectadas y, por otro, contribuirá a la mejora de la práctica docente y de las programaciones en la línea de las competencias básicas, mediante planes de mejora.

En cuanto a las **familias,** esas recibirán información sobre la evaluación individualiza, referida a la evolución de su hijo y una propuesta de continuidad en el trabajo con él. Esta actuación se enmarcará en el contexto de la **acción tutorial,** por medio de una entrevista entre familia y profesor-tutor al final del curso (Pérez-Nievas, 2006). La entrevista personal es el medio/contexto más adecuado para transmitir los resultados, en presencia del personal técnico pertinente (orientador, personal de apoyo, etc.) y en ella se pueden incluir algunas orientaciones: para el alumno, para los padres y para el profesor e incluso puede ser ne-

cesario indicar una intervención educativa así como un seguimiento de esta (Dueñas, 2011).

Los resultados globales de las evaluaciones y diagnósticos generales de aula podrán ser trasladados al resto de miembros de la **comunidad educativa** (claustro de profesores, comisión de coordinación pedagógica, jefatura de estudios, equipo de orientación...) para que, de forma conjunta, se planteen posibles mejoras para el curso siguiente relativas a la orientación, seguimiento y comunicación entre alumnado, docentes y familias, y queden reflejadas en documentos de centro como el **plan de acción tutorial (PAT).**

La introducción de las tecnologías de la información y de la comunicación (TIC) en la práctica educativa ha supuesto una mejora en los canales de comunicación entre los miembros de la comunidad escolar para la evaluación y seguimiento del alumnado. Desde la Xunta de Galicia (Consellería de Cultura, Educación y Ordenación Universitaria) se crea el *Espazo Abalar* (véase figura 4.3) como referente de los servicios educativos en Ga-

FUENTE: web de Espazo Abalar de la Xunta de Galicia.

Figura 4.3.—Captura de pantalla principal del Espazo Abalar.

licia para toda la comunidad, y a partir de la cual trabajar a través de la TIC fomentando la participación y la motivación de los estudiantes y la eliminación del fracaso escolar.

Este recurso, además de su potencial formativo, contribuye a la participación colaborativa de todos los miembros del espacio educativo al ofrecer información y recursos a las familias, al profesorado, a los centros en su conjunto y a toda la comunidad educativa (véase figura 4.4).

Con relación a la presencia de dificultades o alteraciones observadas en algún estudiante, de forma complementaria al informe del profesor-tutor puede presentarse una **demanda** dirigida al departamento de orientación del centro educativo; es decir, este documento puede representar el pun-

to de partida ante una sospecha de dificultad o alteración en un estudiante. El profesor-tutor es la persona que tiene un contacto más directo con sus estudiantes, de los que recoge diariamente información de utilidad para elaborar y adaptar su proceso de enseñanza, y es el responsable de informar y contribuir a un proceso de valoración específico en caso de detectarse una posible alteración en un estudiante.

La **demanda** es «la expresión de la existencia de un problema que requiere algún tipo de respuesta (...) [que] generalmente la formulan el maestro o el tutor» (Romero y Lavigne, 2006, p. 21). A través de dicha demanda el profesor-tutor ofrece información objetiva sobre el problema escolar del o de la estudiante, así como de su propia dificultad

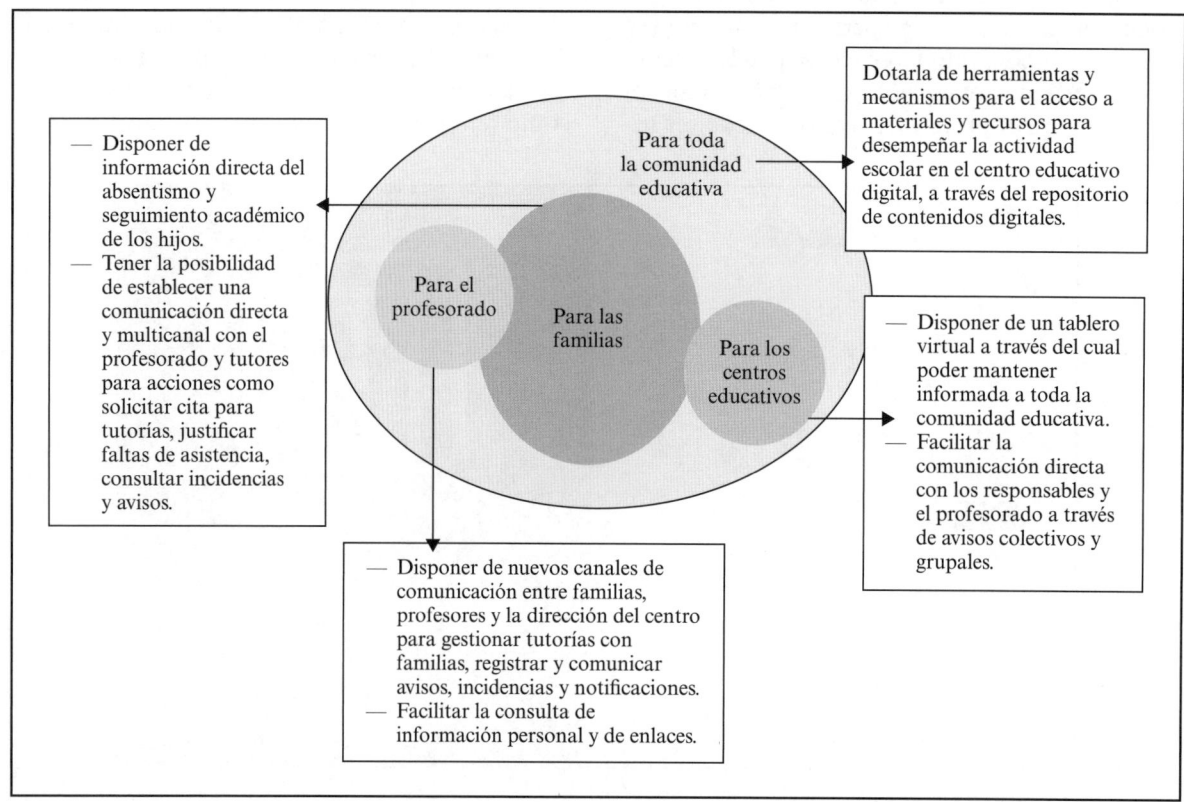

Figura 4.4.—Recursos que ofrece el Espazo Abalar a los diferentes agentes educativos.

como profesional para dar una respuesta efectiva al mismo y que, por tanto, le lleva a solicitar apoyo del departamento de orientación para establecer, conjuntamente, las medidas más oportunas. En la tabla 4.1 se muestra un ejemplo de protocolo de demanda que podría utilizar el profesor-tutor.

Una vez realizada esa demanda, el departamento de orientación valorará la pertinencia o no de realizar una valoración más exhaustiva y decidirá si se inicia el proceso de diagnóstico, se acuerda con la tutoría la adaptación de medidas ordinarias anteriores a la realización de dicho diagnóstico, se ponen en marcha medidas de acción tutorial, se realiza una intervención socio-familiar, se desestima la intervención (especificando el motivo) o bien se realiza una derivación a otro servicio (Cardona et al., 2006).

La derivación a un servicio externo, por parte del departamento de orientación, recae en los **equipos de orientación específicos (EOE),** cuya intervención se podrá producir basándose en tres líneas básicas de actuación en los centros educativos:

— Desarrollar o ejecutar lo establecido en el plan anual (general y específico) que se elabora al inicio del curso escolar.
— En respuesta a una demanda concreta de una comunidad educativa, en función del procedimiento establecido en la Orden de 24 de julio de 1998, que señala que:

> Por motivos debidamente justificados, la intervención de las personas integrantes de los equipos de orientación específicos en un determinado centro podrá producirse por requerimiento del/de la jefe/a del departamento de orientación, del/de la directora/a del centro (adjuntando el informe del/de la jefe/a del departamento de orientación), con el visto y place del/de la inspector/a de la zona, o por propuesta de este/a último/a. Estas intervenciones se organizarán en función de las prioridades establecidas en el plan anual de dichos equipos (art. 24.2).

— Por requerimiento de la Administración educativa, canalizados a través de Inspección Educativa (organismo del que dependen los EOE).

TABLA 4.1

Ejemplo de protocolo de demanda de evaluación por parte del profesor-tutor

Protocolo de demanda de evaluación del profesor-tutor	
Datos personales del/de la alumno/a:	
Nombre y apellidos:	**Fecha de nacimiento:**
Dirección:	**Lugar de nacimiento:**
Existencia de un diagnóstico clínico previo:	
Existencia de una evaluación psicopedagógica previa:	
Datos escolares del/de la alumno/a:	
Nombre del tutor/a:	**Nivel:**
Año de inicio de la escolarización:	
Año de inicio de la escolarización en el centro actual:	**Curso/s repetido/s:**
Tiempo y horario de permanencia en el centro educativo:	
Utilización de servicios (comedor, servicios matutinos, actividades extraescolares):	
Datos familiares del/de la alumno/a:	
Nombre del padre/madre/tutor legal:	**Datos de contacto (tel., email):**

TABLA 4.1 *(continuación)*

Protocolo de demanda de evaluación del profesor-tutor
Datos familiares relevantes: — Número de personas que conviven en la unidad familiar: — Hermanos/as: — Antecedentes familiares de dificultades, trastornos o alteraciones en algún miembro de la familia: — Personas dependientes a cargo: — La familia como usuaria de algún recurso psicosocial (becas, servicios sociales, servicios de salud...): **Colaboración de la familia con el centro educativo:**
Motivo de la demanda por parte del profesor-tutor:
Datos académicos: — Áreas no superadas de cursos anteriores: — Calificaciones de la última evaluación (matemáticas, lengua, idiomas, otros...): — Áreas en las que presenta mayores dificultades (detallar en cada área las dificultades encontradas y el nivel de competencia curricular):
Medidas ordinarias llevadas a cabo: adaptaciones realizadas en la programación, materiales empleados, refuerzo/apoyo recibido dentro del centro, apoyo extraescolar, actuaciones conjuntas con la familia...
Estilo de aprendizaje: actitud con la que se enfrenta a los aprendizajes, temas/materias que le interesan y motivan, ritmo de trabajo, capacidad de atención. También especificar, en relación con las tareas, si: las inicia solo, las termina, pide ayuda si no sabe, acepta las correcciones, trabaja mejor de forma individual o en grupo...
Adaptación personal y social: relación con sus compañeros, con adultos, carácter (extrovertido/introvertido, afectuoso...)
Puntos fuertes del/de la estudiante:
Puntos débiles del/de la estudiante:
Otras informaciones de interés:
Fecha: Firma del profesor-tutor:

FUENTE: elaboración propia.

En síntesis, la presentación de resultados del proceso valorativo efectuado por el profesor-tutor a sus estudiantes podrá presentar varios niveles en función de la finalidad del propio documento: *a*) si el interés es dotar de información y orientaciones para las familias, el centro y la comunidad educativa, a fin de mejorar las prácticas docentes en el aula y el centro educativo, y la comunicación y trabajo conjunto con las familias, o *b*) si el interés es informar y solicitar una demanda de evaluación ante una sospecha de dificultad, trastorno o alteración, ante lo cual exis-

tirá la posibilidad de realizar una valoración diagnóstica dentro del centro (a través del departamento de orientación) o bien, en caso de ser necesario, solicitar el apoyo de un organismo externo (los equipos de orientación específicos, EOE; véase figura 4.5)[1].

Fuente: Xunta de Galicia.

Figura 4.5.—Ejemplo de ficha para solicitar una intervención del equipo de orientación específico.

3. ¿HA TERMINADO EL CUENTO? ¿ES UN FINAL ABIERTO?

El diagnóstico es una acción imperfectiva, una actividad dinámica y en continuo desarrollo y, por tanto, la elaboración del informe no es más que un *punto y aparte* en ese cuento sobre el niño que hemos ido elaborando a lo largo del proceso. La historia continuará cuando, desde el centro educativo y a través de sus diferentes agentes implicados

(equipo de orientación, profesorado-tutor y demás docentes), desarrollen las actividades oportunas

---

[1] La web de la Xunta de Galicia organiza la información relativa a los equipos de orientación específica, facilitando la documentación necesaria para solicitar la intervención de estos en los centros educativos:

para favorecer el adecuado desarrollo integral del niño en cada etapa vital.

En lo que respecta a la figura del docente, ya lo señalábamos en el capítulo 2, cuando nos referíamos al *observador del terreno* y sus competencias, que su actuación va más allá de la ejecución directa del proceso de enseñanza, para introducirse en el estudio sistemático de todos y cada uno de sus estudiantes, con el fin de ofrecerles una respuesta individualizada y acorde a sus características y necesidades. Pla (2005) se refirió, hace ya dos décadas, a la presencia de una serie de carencias en algunas funciones profesionales del docente, que perviven hoy día:

Función cognitiva: tendencia a focalizarse exclusivamente en la materia que imparte.

Función metodológica: tendencia a emplear un diseño fragmentado y operativo del proceso educativo, sin hacer uso del diagnóstico general del grupo-clase y del contexto en que se desarrolla.

Función docente: tendencia a llevar a cabo el proceso educativo de un modo frontal, limitando el protagonismo que ofrece al alumnado y la atención que presta a sus diferencias individuales.

Función de educación ciudadana: tendencia a ignorar o reducir la importancia que tiene la relación entre los aprendizajes y la realidad, o a restar atención a la relevancia de las interacciones sociales en la vida del alumnado.

Función investigadora: tendencia a rechazar la vía investigadora para el perfeccionamiento de su actividad pedagógica.

Orozco y Moriña (2020) señalan que, para que se reconozca y se cumpla el derecho de todo el alumnado a disponer de las mejores oportunidades para el aprendizaje, para ser escuchado, para participar y para tener éxito, el profesorado debe «comprometerse personalmente con las biografías personales de cada alumno, ser capaz de educar dando lo mejor de sí mismo y de hacerlo de una manera efectiva» (p. 82). Lo que se espera del docente, bien sea el maestro en el aula de Educación Infantil, como del profesor-tutor o del profesor

en Educación Primaria, es que sea capaz de dotar a sus estudiantes de una enseñanza verdaderamente *personalizada* que tenga en cuenta sus necesidades, intereses y aspiraciones. Recogiendo algunos fragmentos de un texto de Arturo de la Orden y de Víctor García Hoz, de 1988 y 1976, respectivamente, y tomados de Román González y González-Galán (2019, p. 284), se puede señalar que:

Cada individuo, como manifestación de una peculiar combinación de rasgos comunes y específicos, exige, por su singularidad, un tratamiento educativo personal.

El sujeto de la educación es ese o aquel hombre [o mujer], un ser singular que encarna y realiza, de un modo *sui iuris* la naturaleza humana (...); cada uno de ellos [o ellas], con sus notas y cualidades singulares y, sobre todo, con sus singulares posibilidades.

(Román González y González-Galán, 2019, p. 284)

Lograr que el estudiante sea el centro del aprendizaje, se sienta seguro y conecte su aprendizaje con su realidad, en un marco de educación inclusiva, requiere, sin duda, que la enseñanza sea personalizada, que le dote de autonomía y que se estructure de forma cooperativa (Baña y Losada-Puente, 2019; Orozco y Moriña, 2020).

En este sentido, Román González y González-Galán (2019) hacen referencia a tres términos clave en la configuración del hecho educativo hacia la atención a las diferencias individuales:

a) *Individualización:* es el primer paso en el camino hacia la acomodación del aprendizaje al ritmo y necesidades del estudiante. Si bien se emplean los mismos objetivos y contenidos de instrucción para todos ellos, la velocidad de aprendizaje puede variar en función de las características de cada aprendiz. Por ejemplo, un estudiante puede dedicar más tiempo al aprendizaje de un contenido sobre el que tiene más dificultades, mientras que puede omitir otro que ya domina, o bien puede dedicar esfuerzo y tiempo extra al contenido que le genera dificultades.

Individualización de la enseñanza mediante *Mastery Learning*

Sal Khan es educador en la escual Khan Academy, en la que utiliza un sistema de enseñanza basado en el *Mastery Learning* (ML), basado en la enseñanza hacia el dominio, en lugar de centrarla en las calificaciones:
Sal Khan: Let's teach for mastery - not test scores | TED Talk.

? PARA REFLEXIONAR

Una vez que hayas visto el vídeo, trata de buscar algunos conceptos clave y trata de responder a las cuestiones que propone el propio Sal Khan:

— Busca información sobre el *Mastery Learning* (ML) o «aprendizaje para el dominio».
— ¿Por qué apresuramos a los estudiantes en su educación cuando no siempre han comprendido lo básico? ¿Qué aspectos se utilizan como argumento para justificarlo?
— ¿Cuáles son los beneficios de enfocar el aprendizaje de este modo? ¿Y las dificultades?

---

b) *Diferenciación:* avanzando en el proceso de atención a las diferencias individuales encontramos esta instrucción que se adapta a las características y necesidades de cada tipo de estudiante. Aquí también se mantienen los contenidos y objetivos de instrucción, aunque se varía en la metodología de enseñanza de acuerdo con las características y necesidades individuales, utilizando el criterio de *lo más adecuado* u *óptimo* para cada uno. Como ejemplo, encontramos un aula en la que el alumnado con baja capacidad recibe instrucción a través de una metodología muy estructurada, mientras que los que presenten alta capacidad para esos contenidos pueden recibir formación mediante una metodología más flexible.

La máquina de enseñar de Skinner

Primer ejemplo de enseñanza basada en la diferenciación, que se remonta a la década de los 50 del siglo pasado, orientándose a la instrucción en aritmética y ortografía. Se pretendía, con este, facilitar un aprendizaje en pasos sucesivos, con refuerzo inmediato sobre la respuesta de cada estudiante. El mecanismo era muy sencillo: *a)* la máquina presentaba un estímulo al alumno (por ejemplo, problema, pregunta, palabra...); *b)* el alumno respondía al estímulo apretando unos botones, y *c)* si la respuesta era la correcta, la máquina presentaba la pregunta siguiente; pero si era incorrecta, la máquina no permitía avanzar y el estudiante debía hacer un nuevo intento de solución.

Iniciativas actuales que muestran ejemplos de educación adaptativa (EA), basada en los modelos de diferenciación de la enseñanza, se pueden encontrar en la web. Se recomienda visitar algunos como:
Adaptative Education *(Third Space Learning)*

Open Learning Initiative *[OLI - Transforming higher education through the science of learning (cmu.edu)].*

Sal Khan: Let's teach for mastery - not test scores | TED Talk.

c) *Personalización:* el último nivel deja de centrarse en el rol del profesor y en cómo este debe acomodar y/o adaptar su instrucción, para centrarse en el estudiante, tomando en cuenta sus preferencias e intereses particulares. Se crea un entorno educativo que es personalizado en cuanto a objetivos y contenidos de instrucción, ritmo y metodología. Cada estudiante participa de la toma de decisiones acerca de su proceso educativo: qué aprende, cómo lo aprende, con qué compañeros...

Personalización de la enseñanza a través de *Flipped Learning*

El *Flipped Classroom* (FC) es un ejemplo de personalización del aprendizaje, mediante un modelo de enseñanza que transfiere ciertas actividades del estudiante fuera del espacio del aula, empleando el tiempo de clase, junto con la experiencia docente, para facilitar y potenciar otros procesos de adquisición y práctica de conocimientos dentro del aula, apoyando todas las fases del ciclo de aprendizaje.

PARA REFLEXIONAR

Una vez que has visto el vídeo, responde a las siguientes cuestiones:

— ¿Qué es para ti la innovación educativa? ¿Qué relación tiene con la introducción de las TIC en el aula?
— ¿Conoces el concepto de TAC (tecnologías del aprendizaje y la comunicación)? ¿Qué lo diferencia de las TIC?

— ¿Qué beneficios y dificultades conlleva la utilización de una metodología basada en la personalización del aprendizaje?

No es posible terminar este breve apartado dedicado a la actuación y mejora del proceso de enseñanza-aprendizaje en el aula sin referirse a la importancia de **pedir ayuda.** Una función tan esencial para los seres humanos y que contribuye de forma directa a nuestra capacidad adaptativa, resulta ser una gran olvidada en los manuales sobre capacitación docente. El profesorado debe conocer y reconocer la importancia que tiene el desarrollo de esta habilidad, que parte de la autovaloración y autorreflexión sobre la propia práctica y del reconocimiento de sus posibilidades y limitaciones.

Si queremos enseñar a los niños a autorregularse, a valorar sus capacidades y a buscar metas y valores que sean acordes a sus deseos, pero también a sus posibilidades en el momento presente, debemos mostrarles también la importancia de identificar contextos y situaciones en las que solicitar a otras personas ayuda puede ser importante. Detrás de solicitar apoyo y ayuda hay múltiples implicaciones en el aprendizaje para la vida: reconocer que el ser humano es un sujeto interdependiente —alejado de la idea de *dependencia*—; entender de una manera más profunda y completa la diversidad humana, al comprender que cada individuo es un ser capaz, pero en ocasiones necesitado de ayuda; y trasladar la visión del aprendizaje y de la sociedad como un espacio de competitividad, hacia otro de cooperación.

4. PROBLEMAS DE UNA HISTORIA MAL CONTADA Y COMPROMISO CON ESTA: ASPECTOS ÉTICO-SOCIALES Y DEONTOLOGÍA PROFESIONAL

Cualquier práctica profesional tiene, en mayor o menor grado, unas implicaciones éticas, pues, como señalan Olmeda y Ruiz (2013), ser un profesional supone «además de un saber y un saber hacer, una preocupación ética que consolida y justifica su actuación ante la sociedad» (p. 114). En las actividades que se relacionen con la práctica social, el contacto con personas y la educación, estas implicaciones merecen una especial atención (López et al., 2012). Como señalaba Blázquez en 1986: «todas las profesiones han experimentado la necesidad práctica de defender su imagen moral ante el público, ante las autoridades y grupos de presión mediante el recurso a los códigos deontológicos» (p. 483).

Así surge, hace más de veinte años, el interés por abordar la ética profesional en el ámbito educativo, generándose una creciente actividad normativa a través de la creación de códigos o la adhesión a otros desarrollados en el ámbito internacional. Concretamente, Olmeda y Ruiz (2013) destacan iniciativas como (p. 114): *Criterios para una deontología del docente* (Consejo Escolar de Cataluña, 1992), *Código Deontológico de los Profesionales de la Educación* (Consejo General de Colegios Oficiales de Doctores y Licenciados en Filosofía y Letras y en Ciencias, 1996), *Código Deontológico de los Educadores Sociales* (Consejo General de Colegios Oficiales de Educadores Sociales, 2004) y *Código de Deontología del Pedagogo* (Colegio de Pedagogos de Cataluña, 2006). A estos podemos añadir alguno más reciente, como el *Código Deontológico de la Profesión Docente* (Consejo General de Colegios Oficiales de Doctores y Licenciados en Filosofía y Letras y en Ciencias, 2010), que supone una actualización de aquel que fue creado en 1996, y el *Compromiso Ético del Profesorado* (Federació de Moviments de Renovació Pedagògica de Catalunya, 2011).

El desarrollo de una deontología profesional para los educadores resulta de la necesidad de mentalizar y sensibilizar a estos profesionales para evitar que cometan errores en el ejercicio de su docencia (Blázquez, 1986) y que, generalmente, se concreta en un conjunto de documentos escritos en los que se presenta una declaración de principios y deberes que aluden a los diversos agentes implicados en el proceso educativo (estudiantes, profesorado, centro docente, familias, la profesión...) (Ibáñez-Martín, 2013). El punto de referencia de los profesionales de la educación es el alumnado; pero, además, su compromiso y sus deberes deontológicos comprenden una amplia diversidad de ámbitos de actuación, en relación con el alumnado, las familias y tutores del alumnado, la institución educativa, los compañeros, la profesión y la sociedad (Consejo General de Colegios Oficiales de Doctores y Licenciados en Filosofía y Letras y en Ciencias, 2010).

La capacidad de un código deontológico de la profesión docente para convertirse en una guía de actuación se relaciona con su potencial para responder a las exigencias crecientes y a las demandas cambiantes de la profesión en la sociedad actual (Olmeda y Ruiz, 2013). De forma específica, los objetivos de la práctica profesional de la persona educadora, docente y pedagoga son (Consejo General de Colegios Oficiales de Doctores y Licenciados en Filosofía y Letras y en Ciencias, 2010, p. 3):

a) La permanente búsqueda de lo verdadero y válido para el hombre.
b) La permanente preocupación por su perfeccionamiento profesional.
c) La continua promoción de los principios democráticos a partir de una buena convivencia y como base para ella.

Para alcanzar dichos objetivos debe garantizar la libertad de aprender, de enseñar y la igualdad de oportunidades educativas. Como señalan Olmeda y Ruiz (2013), la calidad del profesorado y de su docencia se expresa mediante la comunicación de su conocimiento curricular, de la sensibilidad ante las necesidades del alumnado, de su preparación, de su comportamiento ético y de la adecuada organización que haga de los recursos. El comportamiento ético debe ser una cuestión que equilibre los principios y valores que rigen la conducta de los profesionales de la educación

(López et al., 2012). En la figura 4.6 se indican los cuatro principios clave en relación con la forma actual de vivir la profesión docente (Ibáñez-Martín, 2013):

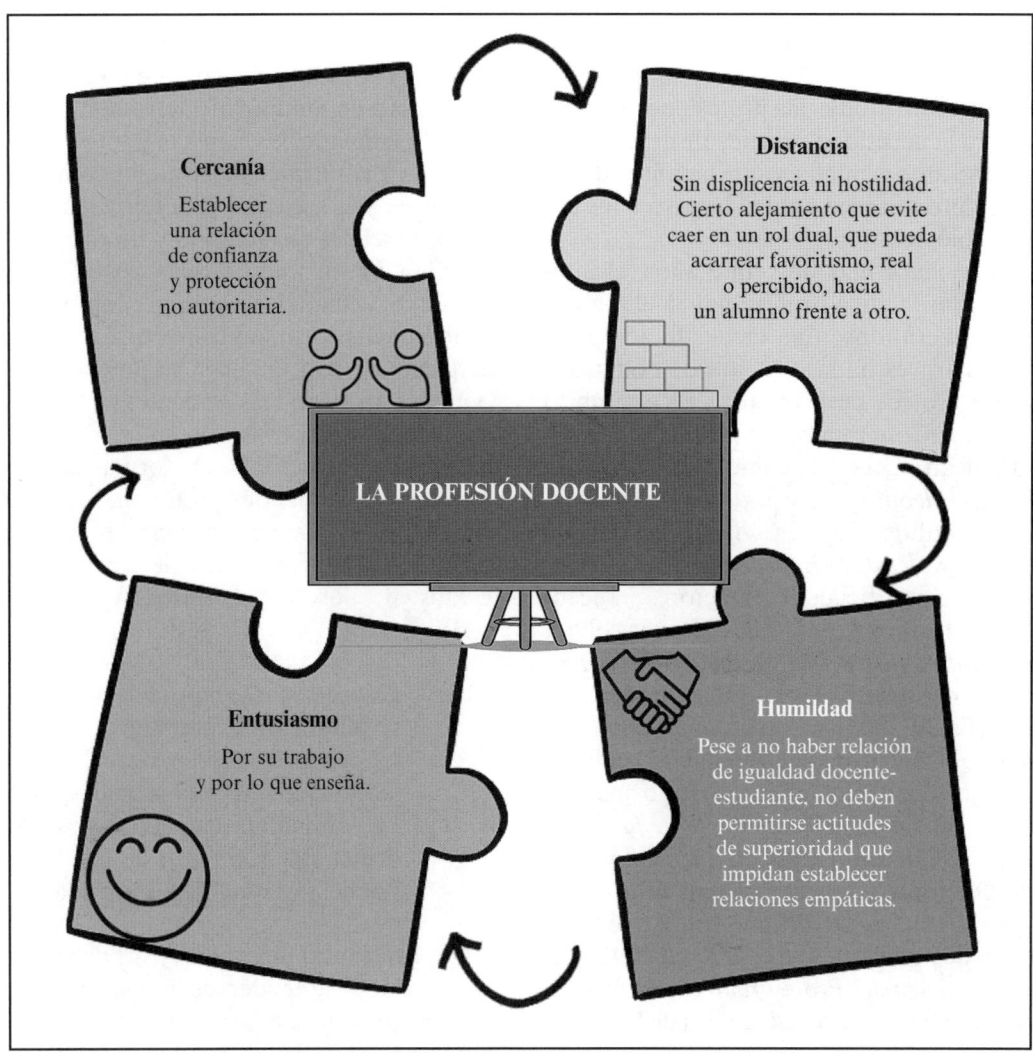

FUENTE: elaboración propia.

Figura 4.6.—Principios clave en la forma de vivir la profesión docente.

Finalmente, en referencia a la medición educativa, el *Código de Responsabilidades Profesionales en la Medición Educativa,* aplicable a cualquier evaluación que se realice dentro del proceso educativo, señala siete aspectos nucleares para tener en cuenta en la medición educativa (Consejo General de Psicología de España, s. f.):

Proteger la salud y la seguridad de las personas que son evaluadas.

Actuar de acuerdo con la legislación vigente sobre actividades profesionales.

Mantenerse al día y mejorar su competencia profesional en evaluación educativa.

Ofrecer servicios de evaluación solo en las áreas que son de su competencia y experiencia, ofreciendo información completa de sus cualificaciones profesionales.

Promover la comprensión de los métodos de evaluación educativa adecuados.

Proceder siempre de acuerdo con las normas deontológicas y promover conductas profesionales responsables dentro de las instituciones educativas y dentro de cualquier organización que ofrezca servicios educativos.

Realizar todas las actividades profesionales de forma honesta, íntegra y objetiva.

LECTURAS Y RECURSOS AUDIOVISUALES: PARA SABER MÁS

Documentos científicos para completar la formación...

Orozco, I. y Moriña, A. (2020). Estrategias metodológicas que promueven la inclusión en educación infantil, primaria y secundaria. *Revista Internacional de Educación para la Justicia Social, 9*(1), 81-98. https://doi.org/10.15366/riejs2020.9.1.004

Este trabajo analiza las principales estrategias metodológicas que emplea el profesorado español al amparo de la pedagogía inclusiva en Infantil, Primaria y Secundaria. Se realizaron entrevistas a 70 docentes de centros educativos de Sevilla. Encontraron semejanzas y diferencias en el uso de siete estrategias metodológicas: trabajo por proyectos, aprendizaje cooperativo, tutoría entre iguales, aprendizaje dialógico, juego y gamificación, grupos interactivos, rincones, aprendizaje vivencial y aprendizaje-servicio.

... una novela para pensar sobre uno mismo y sobre los demás

Fisher, R. (2005). *El caballero de la armadura oxidada.* Ediciones Obelisco.

Este libro narra los pensamientos del protagonista, el caballero de la armadura oxidada, con el objetivo de que seamos capaces de visualizar las barreras que nosotros mismos nos ponemos frente al resto del mundo, para no sentirnos dañados. Se trata de una narración breve, con imágenes, que pretende generar reflexión en torno a lo que valoramos en nuestra vida, a cómo nos mostramos frente al mundo y qué imagen queremos transmitir.

... y algún documento visual para reflexionar

Jubilee Proyect (2014). *Si pudieras cambiar una sola parte de tu cuerpo - ¿Qué cambiarías?* [Vídeo]. INature SkinCare.

Western Sydney University School of Education (2016). *Kids copy our behavior. Beware of your impact on future generations!* [Vídeo]. Western Sydney University School of Education.

EJERCICIOS DE AUTOEVALUACIÓN

Completa las siguientes afirmaciones sobre contenidos teóricos o supuestos prácticos relacionados con el capítulo 4:

a) El informe que lleva a cabo el profesor-tutor tiene un carácter _____ y _____ para los centros e _____ para las familias y para el conjunto de la comunidad educativa.

b) María, profesora-tutora de un aula de 1.er curso de Educación Primaria, recibe un informe personal de su estudiante, Marta, en el que consta que ha recibido refuerzo educativo durante la etapa de la Educación Infantil, de una forma no sistemática, por sus dificultades para relacionarse e interactuar de forma funcional con sus compañeros. Teniendo en cuenta esta información, María presta atención a las interacciones de Marta con sus iguales dentro y fuera del aula, observando conductas como no responder cuando se le pregunta directamente, evitar el contacto visual, situarse separada de sus compañeros en los momentos de juego y hablar con monosílabos. Dada esta situación, se plantea pedir ayuda al departamento de orientación, realizando una _____, para que valore la pertinencia o no de realizar una valoración más exhaustiva, y lo hace a través de un _____.

c) Rubén es un niño que cursa 2.º de Educación Primaria en un centro público de Ferrol. Hace unos meses se programó, a través de la plataforma Espazo Abalar, una reunión entre la familia, el orientador del centro y la profesora-tutora, al observarse la presencia de dificultades en Rubén para adquirir las competencias que se establecen en el currículo para su curso académico a todos los niveles, así como la presencia de comportamientos disruptivos. Además, desde hace unos meses ha comenzado a ausentarse de algunas clases, alcanzando una inasistencia a clase del 27% (que se considera absentismo medio). Desde el departamento de orientación dicen sentirse «superados» por la situación y solicitan a la familia su autorización para realizar una valoración a través de un organismo externo, concretamente del _____.

INDICA SI SON VERDADERAS O FALSAS LAS SIGUIENTES AFIRMACIONES

Pregunta	V	F
1. La primera acción a realizar en el proceso de diagnóstico es recoger información previa (anamnesis).	☐	☐
2. En la fase de planificación de la recogida de datos se toman como referencia los objetivos y la orientación y, a partir de ahí, se elabora una teoría sobre el problema y se determinan las acciones y orientaciones para la intervención.	☐	☐
3. En la fase de conclusiones se hace una síntesis de los resultados obtenidos para dar una explicación fundamentada a un hecho, necesidad, problema o situación, con lo que tomar decisiones atendiendo a los objetivos propuestos y al marco teórico de referencia.	☐	☐
4. El informe es un documento técnico que recoge, únicamente, los resultados y los aspectos metodológicos más relevantes del proceso de estudio que lo produjo.	☐	☐
5. Al elaborar un informe es necesario tener en cuenta sus dos elementos característicos: por una parte, se trata de una actividad técnica y, por otro, facilita un proceso de actuación.	☐	☐

6. La elaboración de un informe de diagnóstico corresponde al profesorado-tutor.

7. La derivación de un estudiante a un servicio externo que valore su situación recae en manos del departamento de orientación.

8. Hay varios documentos en el centro educativo, elaborados por los miembros de la comunidad educativa para establecer y/o mejorar las pautas de orientación, seguimiento y comunicación entre estudiantes, docentes y familias. Uno de ellos es el plan de acción tutorial (PAT).

9. Los cuatro principios clave con relación a la forma actual de vivir la profesión docente son cercanía, distancia, humildad y experiencia.

10. El profesorado-tutor debe reconocer sus capacidades y limitaciones a la hora de realizar su labor docente, sabiendo pedir ayuda y enseñando a sus estudiantes esta acción, como un signo de interdependencia en el ejercicio de sus funciones.

Referencias bibliográficas

Aguilar-Mediavilla, E. e Igualada, A. (2019). *Dificultades del lenguaje en los trastornos del desarrollo*. UOC.

American Psychiatric Association (2013). *Diagnosis and statistical manual of mental disorders* (5.ª ed.). http://doi.org/10.1176/appi.books.9780890425596

Anaya, D. (1994). *Introducción al diagnóstico en orientación: bases conceptuales y metodológicas*. Sanz y Torres.

Arieli, M. y Feuerstein, R. (1987). The two-fold care organization: on the combination of group and foster situations. *Child and Youth Care Quarterly, 16*(3), 168-184. http://doi.org/10.1007/BF01086787

Bandura, A. (1977). *Social learning theory*. Prentice-Hall.

Baña, M. y Losada-Puente, L. (2016a). *Autodeterminación y alteraciones del desarrollo intelectual. Educar para la vida independiente y autónoma en las personas con alteraciones del desarrollo intelectual*. Editorial Académica Española.

Baña, M. y Losada-Puente, L. (2016b). Educar en inclusión para el desarrollo y la vida: la comunicación funcional y el comportamiento adaptativo. En M. M. Durán y M. Baña (coords.), *Comportamiento social inclusivo* (pp. 47-74). Andavira.

Baña, M. y Losada-Puente, L. (2019). *El desarrollo y los apoyos en la atención a las personas con alteraciones del neurodesarrollo*. Europa Ediciones.

Baña, M., Salamanca, L. M., García Chamorro, D. A., Aristizábal, P. A., Echeverry, C. E., Losada-Puente, L. y Dussan, M. A. (2022). La calidad de vida familiar, apoyos y servicios de infantes y jóvenes con discapacidad intelectual: Qualidade de vida familiar, apoio e serviços para bebês e jovens com defi-

ciência intelectual. *Brazilian Journal of Development, 8*(10), 65952-65969. https://doi.org/10.34117/bjdv8n10-076

Blázquez, N. (1986). Deontología de la educación. *Revista Española de Pedagogía, 174*, 483-500. https://reunir.unir.net/handle/123456789/7565

Boehm, T. y Carter, E. W. (2019). Family quality of life and its correlates among parents of children and adults with intellectual disability. *American Journal of Intellectual and Developmental Disability, 124*(2), 99-115. http://doi.org/10.1352/1944-7558-124.2.99

Britton, L. (2000). *Jugar y Aprender - El método Montessori*. Paidós Educación.

Brueggemann, A. E. (2014). *Diagnostic assessment of learning disabilities in childhood*. Springer.

Bruner, J. (1986). Juego, pensamiento y lenguaje. *Perspectivas: Revista trimestral de educación comparada, 1*(1), 79-85. https://unesdoc.unesco.org/ark:/48223/pf0000069210_spa.locale=es

Bustos, J. (1932). Los niños retardados y anormales. Trabajo presentado en el *4.º Congreso Nacional de Sociedades Populares de Educación* (pp. 93-100). Consejo Nacional de Educación.

Cardona, M. C., Chiner, E. y Lattur, A. (2006). *Diagnóstico psicopedagógico*. Editorial Club Universitario.

Castiñeiras, M. (1998). *Introducción al método iconográfico*. Ariel.

Cattell, J. M. (1890). Mental test and measurements. *Mind, 15*(59), 373-380. https://doi.org/10.1093/mind/os-XV.59.373

Chandler, C. (2016). *Psychobiology*. John Wiley and Sons.

Charczuk, N., Rodríguez, D. y García Martínez, R. (2013). *Propuestas de técnicas de diagnóstico sociométrico de dinámicas grupales para utilizar en ambientes de trabajo colaborativo* [Presentación de Comunicación]. VIII Congreso de Tecnología en Educación y Educación en Tecnología. RedUNCI.

Chorieva, D. (2020). Diagnosis as a branch of psychological knowledge and type of research activity of a teacher. *European Journal of Research and Reflection in Educational Sciences, 8*(3), 23-30. https://www.idpublications.org/ejrres-vol-8-no-3-2020/

Consejo General de Colegios Oficiales de Doctores y Licenciados en Filosofía y Letras y en Ciencias (2010). *Código deontológico de la profesión docente.* CGCOFLFLC.

Consejo General de Psicología de España (s. f.). *Código de responsabilidades Profesionales en la Medición Educativa* [web]. https://www.cop.es/index.php?page=codigo-responsabilidades

Delval, J. (2019). El significado del desarrollo en los seres humanos. En J. A. García Madruga y J. Delval (coords.), *Psicología del desarrollo I* (pp. 19-48). UNED.

Delval, J., Kohen, R., Sánchez Queija, I., Herranz, P. y Delgado, B. (2011). *Lecturas de psicología evolutiva I.* UNED.

Dueñas, M. L. (2011). *Diagnóstico pedagógico.* UNED.

Faragher, S. (2014). *Understanding assessment in primary education.* SAGE.

Fernández, A., Losada-Puente, L. y Rebollo-Quintela, N. (2019). Calidad de vida escolar y teoría de la autodeterminación: revisión de conceptos. *XV Congreso Internacional Gallego-Portugués de Psicopedagogía. Asociación Científica Internacional de Psicopedagogía.* A Coruña.

Fernández Ballesteros, R. (1987). *Psicodiagnóstico. Concepto y metodología* (2.ª ed., 3.ª reimpr.). Cincel-Kapelusz.

Ferrándiz, A., Lafuente, E. y Loredo, J. C. (2014). *Lectura de historia de la psicología.* UNED.

Fiuza-Asorey, M., Baña-Castro, M. y Losada-Puente, L. (2021). Reflections on a school for all: perceptions of families and teachers regarding the culture, policy, and practice of inclusion in Galicia. *Aula Abierta, 50*(1), 525-534. https://doi.org/10.17811/rifie.50.1.2021.525-534

Galán-López, I. G., Lázcaraz-Martínez, S., Gómez-Tello, M. F. y Galicia-Alvarado, M. A. (2017). Abordaje integral en los trastornos del neurodesarrollo. *Revista Hospital Juan México, 84*(1), 19-25.

García Nieto, N. (1995). El diagnóstico pedagógico en la educación infantil. *Revista Complutense de Educación, 6*(1), 73-100.

García Nieto, N. (2007). Marco de referencia actual para el diagnóstico pedagógico. *Tendencias Pedagógicas, 12,* 83-110.

Goig, R. (2019). Discapacidad y educación. En M. A. González-Galán, M. P. Trillo y R. M. Goig (coords.), *Atención a la diversidad y pedagogía diferencial* (pp. 221-245). UNED.

Gronlund, G. y James, M. (2005). *Focused Observations. How to Observe Children for Assessment and Curriculum Planning.* Redleaf Press.

Grupo de Atención Temprana (2019). *Atención temprana. La visión de los profesionales.* Federación Estatal de Asociaciones de Profesionales de Atención Temprana.

Ibáñez-Martín, J. A. (2013). Ética docente del siglo XXI: Nuevos desafíos. *Edetania, 43,* 17-31.

International Dyslexia Association (2002). *Definition of dyslexia.* Recuperada el 8 de junio de 2019 de https://dyslexiaida.org/definition-of-dyslexia/

Jiménez Fernández, C. (2010). *Diagnóstico y educación de los más capaces.* UNED.

Jiménez Fernández, C. (2019). Educación y alta capacidad. En M. A. González-Galán, M. P. Trillo Miravalles y R. M. Goig Martínez (coords.), *Atención a la diversidad y pedagogía diferencial* (pp. 251-282). UNED.

Jiménez Fernández, C. y González Galán, M. A. (2011). *Pedagogía diferencial y atención a la diversidad.* UNED.

Kamphaus, R. W. y Campbell, J. M. (2008). *Psychodiagnostic assessment of children: Dimensional and categorical approaches.* Wiley.

Kirkhart, K. (1981). Defining evaluator competencies: New light on an old issue. *American Journal of Evaluation, 2*(2), 188-192. https://doi.org/10.1177%2F109821408100200225

Lázaro, A. J. (2002). Procedimientos y técnicas del diagnóstico en educación. *Tendencias Pedagógicas, 7,* 97-116.

Losada-Puente, L. (2016). Estrategias para promover la autodeterminación personal desde el ámbito familiar y profesional. En M. M. Durán y M. Baña (coords.), *Comportamiento social inclusivo* (pp. 75-94). Andavira.

Losada-Puente, L., Baña, M. y Fiuza, M. J. (2022). Family quality of life and autism spectrum disorder: Comparative diagnosis of needs and impact on family life. *Research in Developmental Disabilities, 124,* 104211. https://doi.org/10.1016/j.ridd.2022.104211

Losada-Puente, L., Baña, M. y Fiuza, M. J. (2023). How do children value educational inclusion? Opinions from Primary Schools. *Revista Colombiana de Educación* (88), 138-160.

Losada-Puente, L. y Fiuza, M. J. (2022). *Recursos formativos en Psicología de la Educación.* Pirámide.

Losada-Puente, L. y Mendiri, P. (2024). School based well-being approach for pupils with special educational needs. En G. Bennett y E. Goodall (eds.), *The Palgrave Encyclopedia of Disability.* Springer.

Losada-Puente, L., Mendiri, P. y Rebollo-Quintela, N. (2022). From general well-being to school well-being: a systematic review. *Revista Electrónica de Investigación y Evaluación Educativa, 28*(1), 1-27. https://doi.org/10.30827/relieve.v28i1.23956

Loos, S. y Metref, K. (2007). *Jugando se aprende mucho: expresar y descubrir a través del juego.* Narcea Ediciones.

López, J. M., Ordóñez, M. E. y Rodríguez, R. (2012). El papel de la ética en la evaluación educativa. *Unirevista, 12,* 87-95.

Luque, D. y Luque-Rojas, M. (2013). Necesidades específicas de apoyo educativo del alumnado con discapacidades sensorial y motora. *Summa Psicológica, 10*(2), 57-72.

Mangal, S. K. y Mangal, U. (2018). *Pedagogy of social sciences* (2.ª ed.). PHI.

Marí Mollà, R. (2007). Propuesta de un modelo de diagnóstico en educación. *Bordón, 59*(4), 611-626. https://recyt.fecyt.es/index.php/BORDON/issue/view/2080

Marín, M. A. y Buisán, C. (1987). *Cómo realizar un diagnóstico pedagógico.* Oikos Tau.

Marín, M. A. y Buisán, C. (1994). *Tendencias actuales en el diagnóstico pedagógico* (2.ª ed.). Laertes.

Martínez González, R. A. (1993). *Diagnóstico pedagógico: fundamentos teóricos.* Universidad de Oviedo.

Méndez, L., Moreno, R. y Pérez, C. R. (2006). *Adaptaciones curriculares en Educación Infantil* (3.ª ed.). Narcea.

Mendiri, P., Rebollo-Quintela, N. y Losada-Puente, L. (2024). El bienestar escolar desde la experiencia del alumnado de Educación Primaria. *Educar,* 1-18. https://doi.org/10.5565/rev/educar.1818

Moreno, T. (2015). Las competencias del evaluador educativo. *Revista de la Educación Superior, 44*(174), 101-126. https://doi.org/10.1016/j.resu.2015.04.011

Moreno, T. (2016). *Evaluación del aprendizaje y para el aprendizaje: reinventar la evaluación en el aula.* UAM.

Nemiña, P., Mendiri, P, Losada-Puente, L. y Rebollo-Quintela, N. (2022). La infancia cuenta: el bienestar escolar en la primera etapa educativa. En L. Molina, D. Cobos, E. López, A. Jaén y A. H. Martín (coords.), *Educación y sociedad: pensamiento e innovación para la transformación social* (pp. 1209-1218). Dykinson.

Núñez, M. y Rivière, A. (2007). Una re-evaluación del paradigma de la creencia falsa. *Infancia y Aprendizaje, 30*(3), 289-308. https://doi.org/10.1174/021037007781787507

Olmeda, G. J. y Ruiz, M. (2013). El código deontológico de la profesión docente: Evolución y posibilidades. *Edetania, 43,* 113-131.

Olmedo, M. y Sánchez-Elvira, A. (2005). Desarrollo histórico del estudio de las diferencias individuales I: etapa precientífica y establecimiento de la psicología diferencial como disciplina. En A. Sánchez-Elvira (ed.), *Introducción al estudio de las diferencias individuales* (pp. 4-52). Sanz y Torres.

Organización de las Naciones Unidas (2006). *Convención de los derechos de las personas con discapacidad.* https://www.un.org/esa/socdev/enable/documents/tccconvs.pdf

Organización Mundial de la Salud (2019). *Clasificación internacional del Funcionamiento de la Discapacidad y de la Salud* (10.ª ed.). https://icd.who.int/es

Orozco, I. y Moriña, A. (2020). Estrategias metodológicas que promueven la inclusión en educación infantil, primaria y secundaria. *Revista Internacional de Educación para la Justicia Social, 9*(1), 81-98. https://doi.org/10.15366/riejs2020.9.1.004

Pascual, I. (2015). *Diagnóstico pedagógico. Conceptos básicos y aplicaciones en el aula de infantil.* Editorial UOC.

Peer, L. y Reid, G. (2021). *Special educational needs* (3.ª ed.). Delayna Spencer.

Pelechano, V. (1982). Historia del psicodiagnóstico. En Autor (ed.), *Apuntes del psicodiagnóstico* (pp. 53-136). Promolibro.

Pérez Juste, R. (1990). Recogida de información en el diagnóstico pedagógico. *Bordón. Revista de Pedagogía, 42*(1), 17-30.

Pérez-Nievas, C. (2006). *Marco teórico de la evaluación diagnóstica. Educación Primaria.* Gobierno de Navarra.

Pieranguelo, R. y Giuliani, G. (2008). *Understanding assessment in the special education process: A step-by-step guide for educators.* Corwin Press.

Pla, R. (2002). *Modelo del profesional de la educación para asumir las tendencias integradoras de la escuela contemporánea.* Universidad Pedagógica Ciego de Ávila.

Rebollo-Quintela, N., Losada-Puente, L. y Mendiri, P. (2020). *Percepciones familiares acerca del bienestar escolar en la infancia.* En G. Gómez García, M. Ramos Navas-Parejo, C. Rodríguez Jiménez y J. C. de la Cruz Campos (eds.), *Teoría y práctica en investigación educativa: una perspectiva internacional* (pp. 983-995). Dykinson.

Requejo, E., Losada-Puente, L., Rebollo-Quintela, N. y Mendiri, P. (2022). Primary school students' narratives of school well-being: an initial diagnosis. *Revista de Investigación en Educación, 20*(1), 5-20. http://doi.org/10.35869/reined.v20i1.3964

Rhodes, M. G. (2019). Metacognition. *Teaching of Psychology, 46*(2), 168-175. https://doi.org/10.1177%2F0098628319834381

Rodríguez Espinar, S. (coord.), Álvarez, M., Echevarría, B. y Marín, M. A. (1993). *Teoría y práctica de la orientación educativa.* Promociones y Publicaciones Universitarias.

Romero, J. F. y Lavigne, R. (2006). *Dificultades en el aprendizaje: Unificación de criterios diagnósticos. Definición, características y tipos.* Junta de Andalucía.

Rosas, R., Ceric, F., Aparicio, A., Arango, P., Arroyo, R., Benavente, C., Escobar, P., Olguín, P., Pizarro, M., Ramírez, M. P., Tenorio, M. y Véliz, S. (2015). ¿Pruebas tradicionales o evaluación invisible a través del juego? Nuevas fronteras de la evaluación cognitiva. *Psyche, 24*(1), 1-11.

Rousseau, N. y Espinosa, G. (2018). Le bien-être à l'école et l'apport de la psychopédagogie. En Autores (eds.), *Le bien-être à l'école: enjeux et stratégies gagnantes* (pp. 1-18). Presses de l'Université du Québec.

Schalock, R. L., Sharon, A., Borthwick-Duffy, V. J., Bradley, W. H. E., Buntinx, D. L., Coulter, E. M., Craig, E. M., Gomez, S. C., Lachapelle, Y., Luckasson, R., Reeve, A., Shogren, K. A., Snell, M. E., Spreat, S., Tassé, M. J., Thompson, J. R., Verdugo-Alonso, M. A., Wehmeyer, M. L. y Yeager, M. H. (2010). *Intellectual Disability: Definition, Classification, and Systems of Supports* (11.ª ed.). AAIDD.

Seidman, I. (2019). *Interviewing as qualitative research: a guide for researchers in education* (5.ª ed.). Teachers College Press.

Steinmayr, R., Heyder, A., Naumburg, C., Michels, J. y Wirthwein, L. (2018). School-related and individual predictors of subjective well-being and academic achievement. *Frontiers in Psychology, 9,* 26-31. http://doi.org/10.3389/fpsyg.2018.02631

Suárez, A. (2011). *Diagnóstico pedagógico: diagnóstico de las competencias en lenguaje verbal escrito y matemáticas en educación primaria.* La Muralla.

Taylor, S. y Bogdan, R. C. (1989). *Introducción a los métodos cualitativos de investigación.* Paidós.

Tobia, V., Greco, A., Steca, P. y Marzocchi, G. M. (2019). Children's wellbeing at school: a multi-dimensional and multi-informant approach. *Journal of Happiness Studies 20*(5), 841-861. https://doi.org/10.1007/s10902-018-9974-2

Tobin, R. M. y House, A. E. (2020). *DSM-5. Diagnosis in schools* (2.ª ed.). Gildford Publications.

Turnbull, A. P. (2003). Family quality of life as an outcome of services and supports: challenges and opportunities in research and practice. *Siglo Cero: Revista Española sobre Discapacidad Intelectual, 34*(3), 59-73.

Verdugo, M. A. y Schalock, R. L. (2010). Últimos avances en el enfoque y concepción de las personas con discapacidad intelectual. *Siglo Cero: Revista Española sobre Discapacidad, 41*(4), 7-21.

Referencias legislativas

Decreto 374/1996, de 17 de octubre, por el que se aprueba el Reglamento orgánico de las escuelas de educación infantil y de los colegios de educación primaria. *DOG* núm. 206, de 21 de octubre de 1996, p. 9.267.

Decreto 229/2011, de 7 de diciembre, por el que se regula la atención a la diversidad del alumnado de los centros docentes de la Comunidad Autónoma de Galicia en los que se imparten las enseñanzas establecidas en la Ley Orgánica 2/2006, de 3 de mayo, de educación. *DOG* núm. 295, de 21 de diciembre de 2011.

Decreto 150/2022, de 8 de septiembre, por el que se establece la ordenación y el currículo de la educación infantil en la Comunidad Autónoma de Galicia. *DOG* núm. 172, de 9 de septiembre de 2022, pp. 47984-48056.

Decreto 155/2022, de 15 de septiembre, por el que se establecen la ordenación y el currículo de la educación primaria en la Comunidad Autónoma de Galicia. *DOG* núm. 183, de 26 de septiembre de 2022, pp. 49595-50009.

Ley Orgánica 1/1990, de 3 de octubre, de Ordenación General del Sistema Educativo (LOGSE). *BOE* núm. 238, de 4 de octubre de 1990, pp. 28927-28942.

Ley Orgánica 2/2006, de 3 de mayo, de Educación (LOE). *BOE* núm. 106, de 4 de mayo de 2006, pp. 17158-17207.

Ley Orgánica 8/2013, de 9 de diciembre, para la mejora de la calidad educativa (LOMCE). *BOE* núm. 295, de 10 de diciembre de 2013, pp. 97858-97921.

Ley Orgánica, 3/2020, de 29 de diciembre, por la que se modifica la Ley Orgánica 2/2006, de 3 de mayo, de Educación. *BOE* núm. 340, de 30 de diciembre de 2020, pp. 122868-122953.

Orden ECI/3960/2007, de 19 de diciembre, por la que se establece el currículo y se regula la ordenación de la educación infantil. *BOE* núm. 5, de 5 de enero de 2008, pp. 1-36.

Orden ECD/65/2015, de 21 de enero, por la que se describen las relaciones entre las competencias, los contenidos y los criterios de evaluación de la educación primaria, la educación secundaria obligatoria y el bachillerato. *BOE* núm. 25, de 29 de enero de 2015, pp. 6986-7003.

Orden de 24 de julio de 1998 por la que se establece la organización y funcionamiento de la orientación educativa y profesional en la Comunidad Autónoma de Galicia. *DOG* núm. 147, de 31 de julio de 1998, p. 8861.

Orden de 26 de mayo de 2023 por la que se desarrolla el Decreto 155/2022, de 15 de septiembre, por el

que se establecen la ordenación y el currículo de la educación primaria en la Comunidad Autónoma de Galicia y se regula la evaluación en esa etapa educativa. *DOG* núm. 111, de 13 de junio, pp. 36230-36270.

Orden de 30 de mayo de 2023 por la que se desarrolla el Decreto 150/2022, de 8 de septiembre, por el que se establece la ordenación y el currículo de la educación infantil en la Comunidad Autónoma de Galicia y se regula la evaluación en esa etapa educativa. *DOG* núm. 111, de 13 de junio, pp. 36381-36398.

Orden de 8 de septiembre de 2021 por la que se desarrolla el Decreto 229/2011, de 7 de diciembre, por el que se regula la atención a la diversidad del alumnado de los centros docentes de la Comunidad Autónoma de Galicia en los que se imparten las enseñanzas establecidas en la Ley Orgánica 2/2006, de 3 de mayo, de educación. *DOG* núm. 206, de 26 de octubre de 2021, pp. 52272-52379.

Real Decreto 1630/2006, de 29 de diciembre, por el que se establecen las enseñanzas mínimas del segundo ciclo de Educación Infantil. *BOE* núm. 4, de 4 de enero de 2007, pp. 474-482.

Real Decreto 126/2014, de 28 de febrero por el que se establece el currículo básico de la Educación Primaria. *BOE* núm. 52, de 1 de marzo de 2014, pp. 1-58.

Real Decreto 95/2022, de 1 de febrero, por el que se establecen la ordenación y las enseñanzas mínimas de la Educación Infantil. *BOE* núm. 28, de 2 de febrero de 2022, pp. 14561-14595.

Real Decreto 157/2022, de 1 de marzo, por el que se establecen la ordenación y las enseñanzas mínimas de la Educación Primaria. *BOE* núm. 52, de 2 de marzo de 2022, pp. 24386-24504.

Resolución de 30 de marzo de 2016, de la Secretaría de Estado de Educación, Formación Profesional y Universidades, por la que se definen los cuestionarios de contexto y los indicadores comunes de centro para la evaluación final de Educación Primaria. *BOE* núm. 91, de 15 de abril de 2016, pp. 26024-26037.

Soluciones a los ejercicios de autoevaluación

Soluciones capítulo 1:

Completar: *a*) Medicina/psicología/educación; *b*) Operatorio o evolutivo; *b*) Cognitivo; *c*) Conductual; *d*) Conductual/reforzamiento.

V/F: 1 V, 2 F, 3 F, 4 F, 5 F, 6 V, 7 V, 8 F, 9 F, 10 V, 11 V, 12 V, 13 F, 14 V, 15 F.

Soluciones capítulo 2:

Completar: *a*) Pensamiento operatorio; *b*) Necesidades educativas especiales (NEE); *c*) Alimentación; *d*) Preventiva/analítico; *e*) Satisfacción con la vida/afectos/autorrealización.

V/F: 1 V, 2 F, 3 F, 4 F, 5 V, 6 V, 7 F, 8 V, 9 F, 10 F, 11 V, 12 V, 13 F, 14 V, 15 V.

Soluciones capítulo 3:

Completar: *a*) Test/prueba escrita; *b*) Observación/registro de intervalo; *c*) Entrevista; *d*) Cuestionario sociométrico; *e*) Juego.

V/F: 1 V, 2 V, 3 F, 4 V, 5 V, 6 F, 7 F, 8 V, 9 F, 10 V, 11 V, 12 F, 13 F, 14 V, 15 F.

Soluciones capítulo 4:

Completar: *a*) Formativo/orientador/informativo; *b*) Demanda/protocolo de detección; *c*) Equipo de Orientación Específico (EOE).

V/F: 1 F, 2 F, 3 V, 4 F, 5 V, 6 F, 7 V, 8 V, 9 F, 10 V.

TÍTULOS RELACIONADOS